현대 예배의 역사는 무엇인가?

현대 예배의 역사는 무엇인가? What is History of Modern Worship?
지금 우리가 드리는 현대 예배는 어디에서 왔을까?

초판 1쇄 발행 | 2025년 11월 20일

지은이 | 레스터 루스(Lester Ruth)

번 역 | 가진수
펴낸곳 | ㈜글로벌워십미니스트리
편 집 | 편집팀
디자인 | 조성윤

전 화 | (070) 4632-0660
팩 스 | (070) 4325-6181
등록일 | 2012년 5월 21일
등 록 | 제387-2012-000036호
이메일 | wlm@worshipleader.kr

판권소유 ⓒ 도서출판 워십리더 2025
값 18,000원

ISBN 979-11-88876-62-4 03230

"도서출판 워십리더는 교회와 예배의 회복과 부흥을 위해 세워졌습니다. 예배전문 출판사로서 세계의 다양한 예배의 컨텐츠를 담아 문서선교의 사명을 감당할 것입니다. 한국교회의 목회자, 워십리더, 예배세션뿐만 아니라 모든 크리스천들이 하나님의 임재를 경험할 수 있도록 열정을 다하고 있습니다."

「이 책의 모든 내용은 저자와의 독점 출간 저작권 보호를 받으므로 어떤 사유로도 무단전제와 복제를 할 수 없습니다.」

(Printed in Korea)

미래 예배를 준비하는 현대 예배의 역사와 흐름

현대 예배의 역사는 무엇인가?
What is History of Modern Worship?

"지금 우리가 드리는 현대 예배는 어디에서 왔을까?"

레스터 루스 Lester Ruth

worship leader 워십리더

차례

제1장 역사적 개요　　　　　　　　　　⋯　8

제2장 1세기부터 3세기　　　　　　　　⋯　26

제3장 4세기와 5세기　　　　　　　　　⋯　48

제4장 6세기부터 10세기　　　　　　　　⋯　66

제5장 11세기부터 15세기　　　　　　　⋯　84

제6장 16세기부터 17세기　　　　　　　⋯　104

제7장 18세기부터 20세기 초　　　　　　⋯　126

제8장 20세기 후반　　　　　　　　　　⋯　152

제 1 장

역사적 개요

제 1 장
역사적 개요

우리가 현재 드리고 있는 예배는 어디로부터 왔을까요? 우리는 오늘날 두 개의 매우 다른 방식의 예배 형식을 접하고 있습니다. 하나는 소위 "전통적인" 예배 방식이고, 다른 하나는 "현대적인" 예배 방식입니다. 저는 원거리에서 그리고 다른 한 관점으로 볼 때, 이 두 가지 예배 방식은 실제로 매우 비슷하다는 점을 말하고 싶습니다. 제가 여기서 펼쳐 보일 역사는 이 두 가지 예배 방식을 모두 설명하기 위한 광범위한 역사입니다. 예배가 오늘날에 이르게 된 과정을 설명하기 위해 몇 가지 비유와 은유를 들려 드리려고 합니다. 모든 형식에 상관없이, 어떻게 우리는 오늘날과 같이 예배드리게 되었을까요?

로스앤젤레스 지역에 대해 잘 아신다면, 로스앤젤레스 공항인 LAX 지역과 샌버나디노(San Bernardino) 시를 잘 아실 것입니다. 여러분이 만약 로스앤젤레스에 계시다면, 이 두 지역이 매우 멀리 떨어져 있다고 생각하실 것입니다. 거리로는 약 60마일 내지 100km 정도 떨어져 있습니다. 로스앤젤레스에서 운전할 때, 이 거리는 꽤 먼 거리입니다. 따라서, 이러한 관점으로 보면 이 두 지역은 매우 멀리 떨어져 있다고 여겨질 수 있습니다. 그러나 관점을 한번 바꾸어 보겠습니다.

우리가 저 멀리 우주로 나가서 로스앤젤레스 공항과 샌버나디노를 본다면, 이 두 곳은 거의 한 곳으로 겹쳐 보일 것입니다. 이것이 바로 전통적 예배 방식과 현대적 예배 방식을 보는 저의 방식입니다. 이 두 가지 방식은 우리의 예배에 완전히 녹아있습니다. 우리는 마치 로스앤젤레스의 교통 체증 속에 갇혀 있는 것과 같습니다. 그래서 이 두 지역이 매우 멀리 떨어져 있는 것처럼 느낍니다. 전통적인 예배와 현대적 예배가 완전히 분리된 것처럼 느껴집니다. 그러나 역사적인 관점에서 보면, 우리는 한 발짝 물러서서 이 두 가지 예배 방식이 본질적인 측면에서 서로 매우 유사하다는 것을 알 수 있습니다.

이것을 설명할만한 다른 은유나 비유를 들어보겠습니다. 쌍둥이 어린 아이들의 경우와 같이 유전적인 것을 예로 들어 보겠습니다. 일란성 여자 쌍둥이를 생각해 보시면, 두 여자 아이가 매우 닮아서 같은 부모 밑에서 태어난 자매인 것을 의심할 여지가 없을 것입니다. 이 두 아이가 다른 가족으로부터 왔다고는 전혀 생각하지 않을 것입니다. 반면에, 서로 닮지 않은 이란성 쌍둥이도 있습니다. 한 명은 피부가 좀 더

검고 다른 한 명은 좀 더 하얀 피부일 수도 있습니다, 한 명은 갈색 눈이고 다른 한 명은 파란색 눈을 가졌고, 이 둘이 같은 부모에게서 태어났다고는 전혀 생각지 않을 것입니다. 그러나 사실 둘은 서로 자매입니다.

그것이 바로 제가 지금 존재하는 전통적 예배 방식과 현대적 예배 방식에 대해 말하고 싶은 요지입니다. 우리는 그들을 보며 말합니다, "저 둘은 전혀 닮지 않았어요. 그러니 자매일 리가 없어요." 그러나 저는 전통적인 예배와 현대적인 예배가 두 번째 언급한 쌍둥이, 즉 이란성 쌍둥이라고 말씀드리고 싶습니다. 주일 아침 예배 시간에 나타나는 모습은 달라도 이 둘의 유전적 형질은 동일합니다. 이 두 예배 방식은 일란성 쌍둥이가 아니라 이란성 쌍둥이입니다. 그들은 같은 역사적 부모를 가지고 있습니다. 그러므로 저는 예배의 역사를 나열할 때, 한 가지 예배에 치중하지 않습니다. 제가 보여드릴 역사는, 이 두 예배 방식의 공통된 진화 혹은 공통된 유전 형질을 설명할 공통의 역사입니다.

저는 예배 방식에 상관없이 오늘날과 같은 예배에 이르게 된 경위를 설명하기 위해 몇 가지 기본적인 역사적 개요를 말씀드리겠습니다.

첫째, 우선 교회사로부터 시작하려고 합니다. 여러분들이 교회사 수업을 들었다고 단정 짓지는 않겠습니다. 그러므로 저는 교회사학자들이 예배에 대해 설명하고 이야기할 때 쓰는 광범위한 논의 자료들을 나열하여, 여러분들이 오늘날 예배의 현주소와 이에 이르게 된 과정을 이해하는 패러다임을 가질 수 있도록 하겠습니다. 지금 제가 설명할 것은 예배사가 아닌 교회사입니다. 이것은 주요 개인이나 사상가, 주요 신학자, 주요 교파, 주요 전통, 주요 기관, 심지어 역사의 주요 전환점을 강조할 때 나오기 마련인 역사입니다. 이것이 교회사학자들이 역사를 나누는 방식입니다. 이러한 광범위한 교회사를 설명한 후에 다시 돌아가 기독교 예배사가 어떻게 분류되는지 볼 수 있도록 수정할 것입니다.

먼저, 일반 교회사입니다. 이것을 가장 쉽게 할 수 있는 방법은 교회가 지난 2000여 년간 존속해왔다는 것을 기억하는 것입니다. 2000년 동안 사람들은 예수 그리스도를 믿고 따라왔습니다. 2000년 기간을 반으로 나누면 초기 1000년 기간이 있고, 그 후에 두 번째 1000년이 있습니다, 곧 첫 번째 천년과 두 번째 천년입니다.

이번에는 각각의 천 년을 절반으로 나눠보겠습니다. 그러면 400년 혹은 500년의 기간이 나옵니다. 이것은 일반적인 교회사와 우리가 말하는 중요한 시대 혹은 역사적 시기를 파악하는 편리한 방법입니다. 첫 번째 500년이 있고, 그 후에 두 번째 500년, 그리고 세 번째 500년, 그리고 현재 우리가 속해있는 시기가 있습니다. 우리가 속해있는 네 번째 시기는 마지막 500년, 지금은 이 500년을 약간 초과한 상태입니다.

교회사학자들이 이 네 시기에 붙이는 꼬리표가 3가지 있습니다. 첫 번째 500년은 교부시대로 알려져 있습니다. 이 역사적 시대의 이름은 라틴어로 '아버지'를 뜻하는 '파터(Pater)'에서 따온 것입니다. 이는 기독교 교리와 신학의 핵심 기초를 놓은 첫 번째 500년 기간의 주요 사상가들과 신학자들이 "교부(교회의 아버지)"라고 불리기 때문입니다. 따라서 첫 번째 500년은 '교부 시대'라고 알려져 있습니다. 그리고 그 뒤 500년 기간, 역사학자들은 이 둘을 하나로 묶어서 '중세 시대'라고 부릅니다. 그리고 그것은 말 그대로 중기를 의미하는 라틴어 단어와 관련이 있습니다. 중세는 중간을 의미하고, 중간 1000년 기간을 중세라고 합니다. 교회사학자들은 일반적으로 그 중세 1000년의 기간을 첫 번째 500년 기간을 뜻하는 중세 초기와 두 번째 500년 기간을 뜻하는 중세 후기로 나눕니다. 그리고 마지막으로 지난 500년이 종교개혁 이후 기간입니다. 종교개혁은 16세기 초 개신교의 등장을 의미하고, 즉 개신교의 등장이 곧 종교개혁으로 간주됩니다. 따라서 지난 500년은 종교개혁 이후 기간입니다. 이것이 광범위한 범위의 교회사입니다.

그 광범위한 범위 내의 500년 기간 안에는 더 많은 개별 기간들이 있습니다. 첫 번째 세기는 '사도 시대'라고 불리고 그것은 사도들의 시대입니다. 제가 교회사가 아닌 예배사를 설명할 때는, 사도 시대의 범위를 약간 넓게 잡을 것입니다. 하지만 일반 교회사를 논할 때는 사도 시대가 첫 번째 세기에서 두 번째 세기 초반까지입니다. 그 뒤로는 '니케아 전 시대'입니다. 2세기로부터 3세기, 그리고 4세기 초반까지가 니케아 전 시대입니다.

니케아는 니케아 공의회를 일컫는 말로 4세기 초에 특히 매우 중요한 공의회였습니다. 그것은 광범위한 지역으로부터 다양한 교회의 지도자들과 사상가들을 모은 에큐메니컬 공의회였습니다. 그리고 4세기에 그것에서부터 중요한 에큐메니컬 공의회들이 연이어 탄생되었습니다. 교부 시대인 첫 번째 500년 시기는 니케아 전 시대와 함께 끝이 나는데, 이는 4세기의 대부분과 5세기입니다. 조금 전에 말씀드렸듯이, 중세 시대는 두 개로 나눠집니다. 약 6세기인 서기 500년에 시작해 500년 동안 진행될 중세 초기가 있습니다. 그 뒤에 중세 후기 혹은 스콜라 시대가 옵니다. 이 용어는 이 시대의 주요 신학자들이 스콜라 사상가로 알려져 있기 때문에 생겨난 것입니다. 그 이름은 신학자들이 대학을 기반으로 하기 시작했다는 것을 말해주고 있습니다. 그들은 학자들이었습니다. 그 이전에는 학문에 기반을 두고 있지는 않았다는 것을 의미합니다. 그 전 주요 사상가들과 신학자들은 교회나 수도원에 있었지, 대학에 있지는 않았습니다.

앞서 말씀드렸듯이, 중세 시대에는 중세 초기가 500년간 지속되었고, 그 후 중세 후기 혹은 스콜라 시대가 또 약 500년간 지속되었습니다. 종교개혁 이후 시대를 어떻게 이름 붙일 수 있을까요? 이때 역사가 크게 로마 가톨릭 역사와 개신교 역사로 나뉘기에 우리가 설명해야 할 몇 가지 이름들이 있습니다. 로마 가톨릭의 경우, 우리는 두 개의 주요 공의회를 고려할 필요가 있습니다. 하나는 16세기의 트리엔트 공의회이고 다른 하나는 20세기 후반의 제2차 바티칸 공의회입니다. 따라서 지난 500년간의 로마 가톨릭 교회 역사는 일반적으로 트리엔트 공의회 이후를 의미하는 '포스트-트리엔트 시대' 또는 제2차 바티칸 공의회 이후를 의미하는 '포스트-바티칸 II 시대'로 알려져 있습니다. 우리의 목적을 위해선 여기서 대안 경로를 개신교 예배사로 구분하고 이것은 퀘이커교도와 오순절교도, 루터교와 성공회까지 모두 포함합니다. 개신교 예배 스펙트럼의 끝 부분 사이 사이에는 다양한 개신교인들이 있습니다. 지금까지 일반 교회사 전체와 일반적으로 적용되는 시대들을 살펴보았습니다.

그러나 저는 교회사학자로서가 아니라 예배사학자로서 여러분과 함께 하려고 합니다. 그 일반적인 교회의 역사를 다듬고, 아니 사실상 변경하여 기독교 예배사와 우리가 그것을 광범위하게 설명할 수 있는 방법에 대해 이야기하겠습니다.

여기에 그리스도인들이 예수님을 믿고 그의 가르침을 따른 2000년의 시간이 있습니다. 이것을 예배사에 적용하기 위해 무엇을 바꿔야 할까요?

첫째, 1세기를 따로 떼어 생각하지 않고 1세기부터 3세기까지를 하나의 기간, 곧 '니케아 전 시대'로 간주해봅시다. 두 번째 주제는 그 300년 동안의 예배에 대해 다룰 것입니다. 이후 세 번째 주제에서 우리는 니케아 후 시대, 곧 기독교 예배에 큰 변화를 가져온 4세기 초의 기독교 합법화 후의 예배에 대해 논의할 것입니다. 그러므로 세 번째 주제에서는 4세기와 5세기를 같이 포함할 것입니다.

네 번째 주제는 6세기에서 10세기까지인 중세 초기에 대한 것입니다. 다섯 번째 주제는 11세기에서 15세기까지로 중세 후기 혹은 스콜라시대의 예배에 관한 것입니다. 그리고 마지막 500년에 대하여는 세

번에 걸쳐 나눌 것입니다. 개신교인으로서 우리가 고려해야 할 것이 많기 때문입니다. 여섯 번째 주제는 16세기와 17세기의 종교개혁 때 일어난 일과 종교개혁 직후에 사람들에게 일어난 일에 관한 것입니다. 이 두 세기는 모든 개신교 예배가 취하게 될 모습의 중요한 동향 혹은 궤도를 세우게 될 것입니다.

일곱 번째 주제에서는 우리가 초기 현대 예배라고 부르는 18세기에서 20세기 초까지의 예배를 다룰 것입니다. 이 주제에 대해 잠시 말씀드리면, 이 시기는 그리스도인들이 감정과 마음에 대해 강하게 강조하게 될 시기라고 말씀드리고 싶습니다.

그리고 마지막 주제는 지난 60년에서 70년, 심지어는 80년 동안의 중요한 변화에 대한 것입니다. 그리고 그것이 마침내 형식의 차별화, 즉 전통적인 혹은 현대적 스타일의 차별화가 시작되는 때입니다. 그것은 사실 지난 30년에서 40년 동안의 아주 최근의 변화입니다. 그러한 모든 변화들을 여덟 번째 주제에서 다루도록 하겠습니다. 지금까지 제가 말씀 드린 것이 바로 2000년간에 걸친 기독교 예배를 다룰 여덟 개 주제의 일반적인 개요입니다.

이제 세부 사항으로 들어가기 전에, 미국에서 "새로운 시작(a clean slate)"이라고 부르는 것에 우리 모두 서 있음을 확인해야 할 것입니다. 제가 예배사를 가르칠 때 이런저런 이유로 잘못된 생각을 갖고 있는 학생들을 종종 만나곤 합니다. 그리고 구체적으로 이 주제들을 다루면서 여러분들이 혼돈하지 않도록 오해를 바로잡고 시작하고자 합니다.

과거에 여러분이 배웠을 첫 번째 잠재적 오해는 그것이 일반 교회사이든 예배사이든 상관없이, 기독교가 1세기에 좋게 시작했는데, 특히 어떤 이들에 의해 암흑기라고 불리는 중세 시대 때, 나빠졌다가 다시 좋아졌다고 믿는 것입니다. 이것은 오해라고 미리 말씀드리고 싶습니다. 2000년의 역사적 증거가 1세기에 관해서도 증거 합니다. 이는 반복할만한 가치가 있다고 생각하기 때문에 여러분에게 계속 강조할 것입니다. 1세기에 모든 기독교인이 예배를 잘 드린 것은 아닙니다. 바울이 고린도 신자들에게 쓴 첫 번째 편지의 10장부터 14장까지를 보시면 고린도 교회가 지녔던 여러 가지 문제들을 보시게 될 것입니다. 그래서 우리가 사용하지 않을 역사관과 사용할 역사관을 구분하는 관점에서 저는 이 잘못된 역사관을 "U자형 역사관"이라고 부르겠습니다. 왜냐하면 그 잘못된 생각이 영어의 "U" 알파벳과 닮았기 때문입니다. 우리는 그 역사를 사용하지 않을 것입니다. 그 점을 강조하기 위해 우리가 사용하지 않을 역사적 관점이 무엇인지 다시 한번 말씀드리겠습니다. 이 잘못된 역사관은 기독교 교회가 신약 교회와 함께 위대한 출발을 했으며, 그것은 예배에도 적용됩니다.

하지만 1세기 이후에 상황은 악화되기 시작했으며 중세 시대에 와서는 바닥을 쳤습니다. 이 잘못된 견해는 종종 4세기 기독교의 합법화가 대단히 잘못된 것이며, 이것이 교회가 예배와 삶 모두 잘못된 길을 가도록 한 것으로 봅니다. 그런 후 우리가 흔히 암흑시대라고 부르는 중세에 와서 바닥을 치게 됩니다. 하지만 기억하십시오. 저는 여러분의 이해를 돕기 위해 이 관점을 제시하고 있지만, 저는 그것을 믿지 않고 여러분도 그것을 버리도록 설득하고 싶습니다. 바닥을 친 후에 종교개혁과 함께 상황이 나아지기 시작했다고 이 관점은 말합니다. 그리고 이것은 분명 역사에 대한 개신교적 해석입니다. 특히 이 U자형 역사관은 루터, 칼빈과 초기 종교 개혁가들이 필요한 개혁을 하기 시작했다고 주장합니다. 그래서 마침내 우리는 다시 좋은 것들을 갖게 됐다고 말합니다. 그리고 우리는 중요한 역사적 인물이나 제도에 의한 개혁이라는 목적을 달성했습니다. 우리가 모든 좋은 것들을 되찾는 데 도움이 된 특정 역사적 인물이나 기관은 당신이 속한 개신교의 종류에 따라 다양합니다.

예를 들어, 저는 감리교인입니다. 그래서 제가 젊은 기독교인으로서 배운 이 역사관은 우리를 마침내 안정된 땅으로 되돌려 놓은 개척자를 감리교의 창시자인 요한과 찰스 웨슬리로 평가합니다. 이것의 다른 형태가 있습니다. 예를 들어, 오순절파는 20세기 초의 첫 오순절 부흥을 강조하는 고유한 역사관을 가지고 있습니다. 다른 예로 루터교는 실제로 중요한 인물을 16세기 개혁가 마틴 루터라고 말하는 경향이 있습니다. 우리의 목적을 위해선, 공백을 채우는 특정 이름이나 기관은 이 역사의 기본 형태를 이해하는 것만큼 중요하지 않습니다. 비록 이러한 인물들이 실제로 큰 기여를 한 것은 틀림없지만, 우리는 이 중 누구도 U자형 역사관의 정점으로 봐서는 안 됩니다. 역사적 증거는 이를 입증하지 못합니다. 그리고 역사에 대한 이러한 관점이 무엇을 하는지 생각해 보십시오. 그것은 우리가 초기 그리스도인들의 예배와 가장 최근의 기독교인들의 예배만을 실제로 고려할 필요가 있음을 의미합니다. 즉, 중간에 있는 모든 것을 무시할 수 있다는 것입니다. 하지만 모든 예배 방식에서 무엇인가 배울 점이 있기 때문에 중간에 문제가 있더라도 그곳에 있는 모든 것을 무시해서는 안 된다는 것을 보여드리고 싶습니다.

그것이 바로 제가 말하고자 하는 역사관과 연결됩니다. 모든 시기에 다양성이 존재했습니다. 어떤 역사적 시대에도 기독교 예배에는 천편일률은 없으며 모든 예배 방식에는 장점과 강점이 있습니다. 그리고 모든 예배 방식에는 난점과 잠재적인 문제가 있습니다. 앞서 말씀드린 대로 U자형 역사관에서는 초기 그리스도인들과 최근의 그리스도인들 외에는 주목할 필요가 없습니다. 그러나 우리가 사용할 역사관은 우리로 하여금 모든 사람에게 주의를 기울이고, 속도를 늦추고, 편견을 버리고, 역사에 대해 가질 수 있는 오해를 버리고, 그들의 좋은 점과 강점은 무엇이었는지에 대해 좋고 어려운 질문을 하게 만듭니다. "그들의 방식으로부터 배울 점은 무엇인가요?" 그리고 "그들이 했던 것 중 우리가 피해야 할 것은 무엇인가요?" 이러한 역사관은 우리에게 단지 몇 세기가 아닌 2000년의 역사를 모두 살필 동기를 부여합니다. 역사에 대한 이러한 관점은 또한 우리가 특정 시기의 예배사를 지나치게 단순하게 정의하는 것을 피하는 데 도움이 됩니다. 그러한 단순한 정의는 10세기와 11세기 그리고 12세기의 예배를 오직 나쁘게만 보는 것입니다. 이것은 사실이 아니며, 제가 여러분에게 그 증거를 길게 제시할 수 있을 것입니다.

두 번째 오해는 제가 U자형 역사관에서 제시한 것들 중 하나와 관련이 있지만 그 자체만 따로 떼어 살펴볼 필요가 있습니다. 두 번째 오해는 이것입니다. 1세기의 초기 그리스도인들 모두와 사도 시대의 모든 교회들이 같은 방식으로 예배를 드렸다고 생각하는 것입니다. 그것은 사실이 아닙니다. 다음 장에서 좀 더 구체적인 예를 들도록 하겠습니다. 이 오해의 후반부는 만일 1세기의 그리스도인들이 같은 방식으로 예배를 드렸다면, 그 예배 방식은 흠잡을 데 없이 좋았다는 것입니다. 우리는 신약성경 자체, 고린도전서뿐만 아니라 다른 곳에서도 자세히 살펴볼 수 있으며 신약성경은 예배에 다양성이 있었을 뿐만 아니라 때때로 잘못되어 가는 경우도 있었음을 보여줍니다.

1세기의 그리스도인들은 사도들의 지도력에도 불구하고 예배에서 여전히 실수를 범하고 있었습니다. 제가 조금 전에 제시한 역사관을 강화하기 위해 말씀드리자면, 1세기 사도들의 시대에도 예배의 다양성이 존재했다는 생각은 사실입니다. 그리고 모든 예배 방식에는 장단점이 있다는 것은 1세기에도 사실입니다. 저는 사도들이 신약성경에서 우리에게 분명한 교훈을 남겼다면 그 분명한 교훈에 잠재적인 단점이 있다는 말을 하려는 것이 아닙니다. 제가 말하려고 하는 것은 1세기 다양한 그리스도인들의 예배의 실제적 다양성과 그리스도인들 중 일부가 저지른 몇 가지 단점이나 실수가 있었다는 것입니다.

마지막으로 지난 2000년간 예배가 한 가지 방식으로만 변화했고 변화의 이유도 한가지였다는 예배사에 대한 오해에 대해 조금 이야기해 보려고 합니다. 그것을 제가 오해라고 확정함으로써, 여러분은 예배가 변한 여러 방식이 존재했었다는 사실을 당연히 눈치챌 수 있을 것입니다.

그리고 지난 20세기에 걸친 예배의 변화를 유기적인 변화와 의도적인 변화로 특징지을 수 있습니다. 유기적 변화는 느리고 점진적인 예배의 변화입니다. 그 속에 있는 사람들은 때로 변화가 일어나고 있다는 사실조차 모르는데 이는 매우 천천히 일어나서 감지가 거의 불가능하기 때문이다. 이와는 대조적으로 때때로 의도적인 변화가 있었습니다. "의도적"이라는 말속에 의식적인 결정이 변화를 가져왔다는 점이 강조되어 있고 그러므로 이러한 변화는 빠르게 일어난 경향이 있습니다. 예를 들어 종교개혁 때 일어난 많은 변화들이 의도적인 변화들이었습니다. 하지만 종교개혁 때의 모든 변화가 다 의도적이었던 것은 아닙니다. 어떤 변화는 유기적이어서 개신교 세대의 첫 번째, 두 번째, 세 번째 세대까지도 감지하지 못했습니다. 기독교 예배가 변한 방식을 좀 더 심화 학습하기 위해 설명해드리겠습니다.

느리고 점진적인 예배의 유기적 변화는 마치 대형 여객선의 회전과 같습니다. 이렇게 큰 배를 돌릴 수는 있지만 빨리 회전할 수는 없을 것입니다. 때때로 예배가 이와 같았습니다. 그것은 항상 변해왔고 변화는 느리고 점진적입니다. 어떤 시대의 어떤 그룹의 사람들에게 그 변화는 감지할 수 없는 것일 수도 있습니다. 대조적으로, 예배는 바퀴나 방향타를 돌려 거의 90도 회전할 수 있는 쾌속정과 같습니다. 매우 빠르게 회전할 수 있습니다. 그러한 예배의 변화는 쉽게 감지할 수 있습니다. 종교개혁 당시의 많은 예배 변화는 매우 빨리 일어남으로 평생 신앙생활을 해오던 그리스도인들에게 매우 충격적이었습니다.

이제 예배가 변하는 방식이 아닌 변해온 이유에 대해서 이야기하겠습니다. 그리스도인들이 예배를 바꾸는 데에는 다양한 이유가 있습니다. 때로는 신학적 이유입니다. 그리고 그것은 예배 신학이 될 수도 있고, 그리스도인들이 예배를 이해하는 방법과 그들이 생각하는 예배일 수도 있습니다. 아니면 다른 어떤 것에 대한 신학적 변화일 수도 있습니다.

특정한 예를 들자면, 4세기부터 7세기에 예수 그리스도에 대한 신학에 변화가 있었는데, 이는 사람들의 의식 속에 신성이 더욱 강화된 것입니다. 더 많은 그리스도인들이 그리스도의 신성을 더욱 의식함에 따라 그를 예배의 중재자로 보는 시각이 줄어갔습니다. 그리스도가 예배받으시기에 합당한 신적인 존재로 더욱 부각됨에 따라 하나님과 우리 사이의 예배의 중재자로서는 덜 강조되었습니다. 그리고 그것은 종종 중세 시대 그리스도인들이 하나님과 우리의 관계와 하나님께 드리는 우리의 예배를 중재할 누군가를 찾게 되는 계기가 됩니다. 그것은 신학적 변화가 어떻게 예배의 변화를 가져왔는지에 대한 하나의 예시에 불과합니다. 때로는 문화의 변화로 인해 예배가 변하기도 합니다. 가장 확실한 예는 서로 다른 문화는 서로 다른 언어를 쓴다는 것입니다. 따라서 예배가 다른 문화로 들어감에 따라 예배 언어가 바뀔 것이라고 예상할 수 있습니다. 그러나 문화는 단지 언어만은 아닙니다. 문화가 예배에 미치는 영향은 종종 사람들이 사용하는 건물의 종류, 시간에 대한 느낌, 짧은 시간과 긴 시간이 무엇인지에 대한 서로 다른 정서, 신체의 사용과 인식에 대한 다양한 감성에 따라 발견됩니다. 어떤 문화에서는 예배를 위해 옷을 잘 차려 입는 경향이 있는 반면 어떤 문화에서는 예배를 위해 간편한 옷으로 갈아입는 경향이 있습니다. 이러한 예들은 문화가 예배를 형성하고 변화시킬 수 있는 것들과 방법의 일부일 뿐입니다.

그 예로 특정한 예를 들어보겠습니다. 언젠가 조지아 주의 애틀랜타에 있는 패션(Passion) 처치 예배에 참석했을 때 우리는 간혹 '이것이 로큰롤 콘서트인가?' 하실 것입니다. 아니면 '이것은 예배일까요?' 이것은 미국의 일부 현대식 예배에서 로큰롤 콘서트 방식의 문화적 영향이 특정 교회에서 예배를 드리는 방식을 직접적으로 형성한 예 중 하나입니다.

예배가 변화하는 세 번째 이유는 기술의 발전 때문입니다. 중세 후기의 대성당은 기술, 특히 건축 기술 때문에 존재하게 되었습니다. 이 엔지니어들과 건축가들은 이 벽을 더 높게 만들고 창 크기를 늘릴 수 있도록 외벽에 버팀대를 추가하는 방법을 알아냈습니다. 이전에는 그렇게 하는 방법을 몰랐습니다. 그들은 지붕의 무게를 견디기 위해 더 작은 창이 있는 두껍고 짧은 벽이 필요했습니다. 그러나 기술의 변화를 의미하는 외벽 버팀 효과로 그들은 공간을 바꾸고 이 중세 건물을 매우 높고 매우 깊게 만들 수 있었습니다. 그 공간은 스테인드글라스 창에서 들어오는 이 모든 빛으로 가득 차 있습니다. 기술의 한 형태인 건축의 변화는 예배의 본질을 바꾸어 놓았습니다. 이것은 기술의 발전이 예배의 변화를 가져온 구체적인 예입니다.

　예배가 변화한 네 번째 이유는 사실 역설적입니다. 역사적으로 많은 교회들이 예배에 관해서는 자연적으로 보수적인 성향을 가지고 있었습니다. 그들이 무언가를 시작하거나 예배에 무언가를 추가하면 그것을 빼지 않는 경향이 있다는 것을 의미합니다. 그리고 더 많은 것들이 추가됨에 따라 시간이 지남에 따라 예배 시간이 촉박해지기 시작했습니다. 그래서 그들은 같은 일을 더 빨리할 수 있는 방법을 찾기 시작했습니다. 우리는 중세 기도 예식의 형성에서 그 예를 볼 수 있습니다. 예배에 필요한 자료의 양이 증가했지만 예배를 드리는 시간은 동일했기 때문에, 소리 내어 하는 기도 대신, 합창단이 동시에 노래를 부를 수 있도록 아주 빨리 조용한 목소리로 기도하기 시작했습니다. 따라서 두 가지 작업의 걸리는 시간을 줄이기 위해 동시에 진행했습니다.

제 2 장

1세기부터 3세기

제 2 장
1세기부터 3세기

이번 장에서는 '니케아 전 시대(pre-Nicene)'라 부를 1세기부터 3세기에 관한 것입니다. 니케아 전 시대의 예배에 대해서 다룰 것입니다. 그 전에 먼저, 우리가 왜 예배의 역사에 대해 공부해야 하는지 논의하길 원합니다. 여러분은 현재 회중 예배를 인도하는 데에 깊이 빠져 있을 수 있습니다. "왜 과거를 살펴봐야 하지?"하고 의아할 수도 있습니다. 그렇다면, 이제 제가 과거를 살펴야 하는 몇 가지 이유와 역사를 돌아봄으로써 얻는 유익을 알려드리겠습니다.

먼저, 우리는 역사를 공부함으로써 현재 예배 형식의 계보를 이해하고, 그에 대한 통찰력을 얻을 수 있습니다. 실제로, 여러분이 예배 찬양 사역자라면 지금 당장 드리는 예배에 완전히 몰두한 나머지 여러분의 교회에서 현재 따르는 예배 방식에 역사가 있다는 사실을 잊기 쉽습니다. 예배 형식에도 계보가 있습니다. 여러분의 가계를 조사하면 선조들로부터 오늘날 여러분이 어떻게 형성되었는지 알 수 있듯 예배 형식도 진화해 왔습니다. 그런 점에서 우리가 과거로 거슬러 올라가 예배의 역사를 살펴보면 현재의 예배 순서들이 어디에서 유래하고, 그 이유를 이해할 수 있습니다. 우리가 현재 드리는 예배의 계보를 이해하는 것, 이것이 예배의 역사를 연구하는 첫 번째 이유입니다.

두 번째 이유는 예배 방식과 관련해 새로운 가능성을 보고 예배에 대해 생각하기 위해서입니다. 정말이지 우리 대부분은 전통적 예배가 어떤지 생각할 때조차도 시야가 매우 제한적입니다. 그래서 한두 세대, 최대로 잡아 봐야 100여 년만을 돌아봅니다. 그 결과, 한 가지 특정 방식으로만 이해하곤 합니다. 그리고 예배에 대해서도 특정 방식으로 생각하곤 합니다. 그러나 예배의 역사를 연구함으로써 우리는 완전히 새로운 시각을 얻어 새로운 행동 방식과 사고방식에 관해 통찰력을 얻을 수 있습니다. 때로는 이런 새로운 방식에서부터, 주일 아침 우리가 할 수 있는 것들과 관련해 새로운 가능성들이 나올 수 있습니다.

세 번째, 예배의 역사를 연구하는 또 하나의 이유는 과거에 있었던 실수를 피하기 위함입니다. 아마도 제가 기독교 신앙의 선조들의 예배가 항상 최선이었던 것은 아니라고 말하는 첫 번째 사람일 것입니다. 신학적 또는 성경적으로 보면, 심지어 역사적으로 보면 어떤 것이 변칙이고 어떤 것이 예외적 관행에 속한 특별한 것인지 알 수 있습니다. 그리고 그들이 어디서 실수했는지 또는 틀리게 했는지 느낄 수 있습니다. '역사를 모르는 사람은 역사의 실수를 되풀이하게 된다.'라는 격언이 있습니다. 저는 역사를 연구하는 게 잘못을 저지르지 않기 위해서라는 단 하나의 이유 때문이라고는 생각하지 않습니다. 그러나 그것은 예배 역사를 연구하는 하나의 이유는 될 수 있습니다. 곧 과거의 어느 부분에서 실수했고, 또는 어느 부분에서 특정한 경향이 있었는지 알게 됩니다. 그러면 우리는 그것들을 피할 수 있습니다.

20세기 기독교 예배를 살펴보면 한 가지 예가 떠오릅니다. 많은 경우 예배는 매우 강력한 회중 찬양으로 시작되었습니다. 그러나 시간이 흘러 몇십 년 또는 몇 세기가 지나자 연주와 찬양이 소규모 음악 집단에 의해 인도됩니다. 그들은 연습할 수 있었기에 음악의 미적 자질이 향상되고, 따라서 음악이 더욱 복잡하고 아름다워집니다. 대신에 과거에 아주 빈번했던 회중의 목소리와 찬양은 멈춥니다. 이것은 예배 역사에서 볼 수 있는 한 예에 불과합니다. 저는 이와 동일한 현상이 오늘날에도 일어나고 있다는 생각이 들 때가 많습니다.

1세기부터 3세기를 자세히 살펴보기 전에 이번 일곱 차례에 걸친 내용이 어떤 식으로 구성되었는지 알 수 있도록 약간의 배경 지식을 나누겠습니다. 모든 시기의 예배 방법 각각을 자세히 다루기에는 시간이 충분하지 않을 겁니다. 그래서 특정 시기에 예배가 어떤 모습이었는지, 왜 그런 방법으로 예배를 드렸는지, 그런 예배가 왜 오늘날에도 여전히 중요하고 유의미한지 알 수 있도록 간단하게 몇 가지만 설명하겠습니다. 이제 역사적 시기마다 해당하는 특정 주제들을 여러분과 나누겠습니다.

먼저 요약된 제목을 알려드리겠습니다. 특정 시기 예배의 기본 특성 또는 정신을 찾아내 기억하기 쉬운 제목으로 요약하겠습니다. 그 제목을 기억하면 예배 방식이 어떠했는지 바로 이해하게 될 것입니다. 그 다음엔 무엇이 변했고 왜 변했는지 그 이유를 요약할 것입니다. 따라서 여러분은 한 역사적 시기에서 다음 시기로 이행하면서 예배가 어떻게 발전했는지 빠르게 이해할 수 있게 됩니다. 또한 저는 예배가 왜 한 시기에서 다음 시기로 가면서 변했는지 이유를 설명해보겠습니다.

세 번째, 말 그대로 대표적인 간단한 정보를 설명하겠습니다. 그 특정 시기 예배의 정신과 접근법을 정확히 포착해 말씀드리겠습니다. 그리고 한두 편의 대표적인 문서를 통해 그 특정 시기에 예배가 어떠했는지 간파할 수 있을 것입니다.

네 번째, 음악과 설교, 기도를 짧게 살펴보겠습니다. 어느 시대든 상관없이 음악, 설교, 기도 이 세 요소는 예배의 기본적인 구성요소입니다. 그래서 음악이 무엇으로 이루어지고, 무엇이 설교되고, 예배자와 예배 인도자들이 무엇으로 기도하는지 좀 더 깊이 들어가 살펴볼 것입니다. 이 세 가지 측면을 이해하는 것이 어느 특정 시기의 예배 방식을 통찰하는 데 있어서 중요합니다.

다섯 번째, 과거 또는 역사적 예배가 오늘날 우리의 예배 본질에 기여한 부분에 대해 언급하고 싶습니다. 여기서 다시 한번 계보 또는 진화의 은유가 나타납니다. 오늘날 우리의 모습은 부모, 선조들로부터 내려온 유전 물질의 결과입니다. 마찬가지로 오늘날 우리가 예배드리는 방식에는 과거에 형성된 유전 형질이 들어 있습니다. 우리가 행하는 어떤 것들과 어떤 접근법에는 과거의 어느 시기를 정확히 나타내는 것들이 있습니다. 우리 선조들이 당시의 방식으로 예배를 드렸고, 그러한 예배 방식이 우리가 잘 인식하지 못한다 해도 우리에게 전해 내려온 것입니다. 개신교도들이 예수 그리스도의 죽음에 초점을 맞추고 성찬식을 하며 애도하려는 경향이 좋은 예입니다. 이런 접근법은 대략 6, 7, 8세기 전의 사건들에서 직접 기인합니다. 우리 대부분이 알아차리지 못했을지 모르지만 그것이 사실입니다. 각 시기의 방식들 중에서 오늘날에도 여전히 그 모습이 나타나고 있는 모습들을 강조해 설명하겠습니다. 우리가 예배드리는 방식에, 그리고 우리가 예배를 바라보는 관점에 여전히 나타나는 것들이 예배의 본질인 유전 형질입니다.

　마지막으로 여전히 진행 중인 시의성 있는 몇 가지 물음들을 제기하고 싶습니다. 제가 그 물음들에 꼭 답을 하지는 않을 것입니다. 단지 제안을 드릴 것입니다. 그러나 현재 우리가 고심하고 있는 몇 가지 문제들이 기독교 예배의 역사에 얼마나 깊이 뿌리를 두고 있는지 보여주길 원합니다. 따라서 마지막 7장에서 그 여섯 가지를 말씀드릴 것입니다. 이런 배경을 밑바탕에 두고서 1세기부터 3세기까지를 살펴보겠습니다. 이런 식으로 마음속에 그려볼 수 있습니다. 우리가 500년대에 살고 있다고 해보겠습니다. 그중 1세기부터 3세기 어디 쯤에 살고 있는 것입니다. 제가 사도 시대 또는 신약시대인 1세기를 2세기나 3세기와 반드시 구별하지는 않는다는 사실을 기억할 것입니다. 그것에는 두 가지 이유가 있습니다.

첫째로, 1세기 기독교 예배가 어떠했는지 세부적인 사항들에 대해서 우리는 잘 모릅니다. 신약성경은 문제들, 해서는 안 되었던 일들에 대해 많은 정보를 줍니다. 고린도전서 10장 14절까지 보면 고린도 교회에 있던 큰 문제와 골칫거리들, 그들이 예배를 드린 방식에 대해서 알 수 있습니다. 그들의 예배 방식을 우리가 안다고 해서 그 방법을 복제하거나 그대로 따라야 하는 것은 아닙니다. 그 성경의 내용들은 바울의 지시입니다. 그럼에도 불구하고 우리는 고린도 교회와 이 밖의 한두 가지 다른 예들 외에는 1세기 기독교의 예배 방식에 대해서 별로 알지 못합니다. 유대교 회당의 예배를 살펴보는 것 역시 도움이 되지 않습니다. 유대교 회당의 예배 방식에 대해서, 세부적인 사항에 대해서는 많이 알지 못합니다. 현재 우리가 회당의 예배에 대해 가지고 있는 역사적 증거들 대부분이 실은, 기독교 예배 역사의 자료들과 마찬가지로, 몇 세기 후의 자료들입니다. 따라서 우리는 증거들을 좀 더 많이 확보할 수 있도록 1세기와 2세기, 3세기를 같이 살펴볼 것입니다.

두 번째 이유는, 2세기와 3세기의 그리스도인들 스스로가 자신들이 계속 사도 시대에 살고 있다고 여겼기 때문입니다. 그들은 최초의 사도들이 다 죽었음에도 자신들을 사도적 그리스도인이라 생각했습니다. 다시 말해 2, 3세기의 그리스도인들은 1세기의 사역, 사건들과 강한 연속선상에서 자신들을 보았습니다.

1세기에서 3세기를 가정 안의 부활과 미래에 마음을 쏟은 기간이었다고 말씀드립니다. 각각의 용어를 살펴보면 제가 왜 이것들을 택했는지 알 수 있을 것입니다. 첫 번째 용어가 특히 중요합니다. 1세기부터 3세기까지, 즉 첫 3세기 동안의 예배는 그리스도의 과거 역사적인 부활이든 미래 재림으로 인한 부활이든, 예수 그리스도의 부활에 대한 목격, 숙고, 경탄이 깊은 동기가 되었을 것입니다.

초기에 예배를 형성한 것은, 예배의 내용에 더해 특별히 매주 주일에 드리는 예배 주기에 영향을 준, 예수님의 삶과 사역에서 무엇보다도 부활이었습니다. '가정'이라는 용어는 당시 그리스도인들이 일반적으로 예배를 드린 상황을 가리킵니다. 기독교가 유대인보다 더 많은 비유대인들에게 퍼져나가고, 그리스도인들이 유대교 회당에서 추방되며, 1세기 후반 로마제국에 의해 예루살렘 성전과 예배 시설들이 파괴되자, 그리스도인들은 가정에서 모이기 시작했습니다. 그 결과 모임의 인원에 제한이 생겼고, 마찬가지로 모임 자체의 질에도 한계가 생겼습니다.

가정에서 소규모 집회를 열 때마다 친밀감과 깊은 유대감, 동지애를 갖고 다른 멤버들 모두를 깊이 알게 되었습니다. 이런 것들이 초기 기독교 예배에서 볼 수 있는 특징입니다. 이제 이 시기와 관련해 제가 붙인 제목을 다시 생각해 보겠습니다. 부활, 그들은 바로 이것을 강조하고 있습니다. 가정, 이곳이 예배가 드려지는 장소입니다. 초대 교회의 예배 특징은 미래를 향해 있습니다. 역사적으로 다른 시기의 그리스도인들은 때로는 과거를 돌아보는 경향이 매우 강한 경우가 있습니다. 그에 반해 이 초기의 그리스도인들과 그들이 행하는 가장 핵심적인 예식의 형식은 미래를 바라보고 있습니다. 제가 앞에서 '미래에 마음을 쏟은 기간'이라고 언급한 미래에 대한 기대로 인해, 예수님의 재림, 곧 있을 부활이 마치 그들에게 바로 일어날 것 같은 느낌을 주었습니다. 이런 기대는 후회나 갈망이 아닌, 언젠가 우리가 살게 될 삶을 고대하는 미래를 향한 열망에서 나온 것입니다.

그렇다면 무엇이 변했을까요? 그리고 왜 변했을까요? 여기서 참고해야 할 사항은, 유대인의 예배에 대해 우리가 아는 게 거의 없다는 것이고, 그렇기 때문에 무엇이 변했는지 묘사하기가 어렵다는 점입니다. 따라서 저는 변화가 생긴 몇 가지 이유들을 살펴볼 것입니다.

우선적으로 변화가 생긴 주된 이유는 초기 기독교의 급속한 확산과 이주 운동 때문입니다. 이 점을 생각하면서 유럽과 중동, 북아프리카의 지도를 그려보시기 바랍니다. 1세기 초반 몇십 년과 특히 1, 2세기에 걸쳐 기독교는 광범위한 지역과 민족, 집단, 언어, 문화권으로 급속히 확산됩니다. 이렇게 참여자들이 다양해짐으로 인해 예배는, 예루살렘이라는 중심지의 첫 기독교인들의 뿌리에서 달라지는 게 불가피했습니다. 즉, 기독교가 다메섹과 안디옥 같은 북쪽 지역으로, 이집트와 에티오피아를 거쳐 남쪽으로 급속히 확장되었습니다. 선교 활동으로 확장된 것입니다. 사도들은 에베소 같은 곳을 포함해 지금의 튀르키예인 소아시아로 올라갔습니다. 기독교는 현재 우리가 이라크와 이란으로 알고 있는 동쪽 지역으로도 전파되었습니다. 유럽으로도 건너갔습니다. 여러분은 바울과 동료들이 빌립보로 가는 이야기를 기억할 겁니다.

그들에게 쓴 편지가 빌립보서입니다. 빌립보는 그리스 또는 마케도니아에 있습니다. 기독교가 이탈리아, 특히 로마로 전파되어 스페인으로 가고 프랑스까지 올라갑니다. 북아프리카 전역으로 이동합니다. 그리고 동쪽으로도 이동합니다. 기독교가 1세기 말쯤에는 인도에까지 전파되었다는 증거가 있습니다. 이처럼 광범위하고 다양한 민족과 집단, 지역, 국가들에까지 기독교가 급속히 이동하는 모습을 그려볼 수 있습니다.

기독교가 인도와 에티오피아와 서유럽까지 확장되면서 예배에 변화가 야기되었을 것입니다. 특히 예루살렘이 1세기 말 로마제국에 의해 파괴된 후라, 기독교에는 중앙화된 권력기관이 없었습니다. 당시 예루살렘에서 유대인들이 일부에서 반란을 일으켰습니다. 로마군은 예루살렘으로 들어와 주민들을 없애고, 예루살렘 성전을 비롯해 도시를 파괴했습니다. 중심지를 잃은 많은 사도들은 사방으로 퍼져나갔습니다. 결과적으로 예배의 다양성을 위해 완벽한 방안이 이루어진 셈입니다.

이런 다양성을 신약성경에서 확인할 수 있습니다. 다양성의 한 측면은 세례와 관련해서 생깁니다. 세례를 베풀 때 사용하는 이름과 관련해 차이가 나타납니다. 마태복음 후반부에 대위명령, 즉 예수님께서 제자들에게 "가서 아버지와 아들과 성령의 이름으로 세례를 주라"고 지시하시는 단락이 기록되어 있습니다. 그리고 우리는 1세기부터 3세기까지 기독교가 퍼진 많은, 그리고 대부분의 지역에서 이런 세례가 행해진 증거를 알고 있습니다.

그러나 사도행전을 면밀히 살펴보면 이와 다른 관행도 볼 수 있습니다. 누가가 기록한 사도행전에는 오직 예수님의 이름으로만 행한 세례가 나옵니다. 이것을 어떻게 설명하겠습니까? 저는 기독교 초기 시대에는 지역에 따라서 어느 곳의 그리스도인들은 아버지와 아들과 성령의 이름으로, 또 다른 곳의 그리스도인들은 예수님의 이름으로 세례를 주었다고 설명하는 게 최선일 것 같습니다. 결국은 아버지와 아들과 성령의 이름으로 세례를 주는 것으로 점점 통일되어 1세기 이후 20세기까지 전 세계적으로 유지됩니다. 20세기 초에 '예수님의 이름'으로 하는 세례가 몇몇 집단에서 다시 일어납니다.

제가 지적하고 싶은 것은 2, 3세기와 마찬가지로 1세기에 세례를 행하는 데 있어 다양성이 존재했다는 점입니다. 마찬가지로 성찬식에서도 신약성경에 다양성의 증거가 보입니다. 마태복음과 마가복음, 누가복음에 기록된 최후의 만찬을 보면 초기 기독교 때 성만찬 음식과 관련해, 특히 사용된 잔의 수에서 다양성이 보입니다. 이것은 아마 1세기에도 성찬식이 다양하게 행해졌다는 사실을 나타내는 것일 듯합니다. 더욱이 2, 3세기에는 성찬식의 음식이 다양했음을 나타내는 분명한 증거가 있습니다.

마지막 세 번째로, 신약성경, 특별히 바울의 글을 면밀히 살펴보면 그가 그리스도인들에게 특별한 날을 지키는 것과 관련해 다른 관점을 가진 그리스도인들을 멸시하지 말라고 권고하는 것을 볼 수 있습니다. 분명 그것은 그리스도인들에게, 특별히 어떤 날들이 중요하고 또는 중요하지 않은가와 관련해 의견이 나누어졌을 가능성이 특정한 지역의 그리스도인들에게 있었을 것입니다.

우리는 지금 무엇이 변했고 왜 그런 변화가 생겼는지를 살펴보고 있습니다. 상황이 달라지면 예배 방식 또한 달라질 것입니다. 이것이 경험에 입각한 법칙이며, 기독교 예배의 역사에서 몇 번이고 되풀이하여 나타나는 일반적인 관습입니다. 즉 여러분이 사는 곳이 여러분의 예배 형태를 만듭니다. 따라서 그리스도인들이 성전과 유대교 회당에서 가정으로 장소를 옮김에 따라 가정이라는 환경이, 때로는 그리스도인들의 행동 방식과 서로를 대하는 방식에 미묘하게 영향을 미치게 됩니다. 가정으로 옮겨감에 따라서 예루살렘 성전 같은 넓은 공간에서 예배드릴 때와 비교해 예배 규모가 축소되었습니다. 이처럼 예배 장소가 예배의 모습을 형성했습니다.

우리는 초기 그리스도인들이 대체로 예배의 기술적 측면에서 새 용어를 개발하지 않고 옛 용어들을 사용했다는 사실을 발견할 수 있습니다. 그들은 용어의 의미를 그저 뒤집거나 바꿨습니다. 구체적인 예를 들면, 1세기의 그리스도인들을 포함해 초기 그리스도인들은 '사제'나 '제물'이라는 용어를, 또는 '성전'과 '장막'이라는 용어를 그대로 사용하고 있지만 의미를 바꿉니다. 따라서 사제나 사제직은 더 이상 예루살렘 성전의 특정 계급 사람들을 가리키지 않습니다. 그 용어는 먼저, 예수 그리스도께 적용되고, 두 번째로 왕 같은 제사장으로서의 우리를 가리킵니다. 하나님의 제사장직에 참여하는 것이 그리스도인으로서 우리 모두의 소명입니다. 이것은 더 이상 특정한 장소를 차지하는 성전에서 행하는 것이 아닙니다. 성전과 성막은 이제, 우선적으로 예수님께 적용되고, 그다음 우리에게도 적용되는 단어입니다. 마찬가지로 제사는 더 이상 동물을 죽여 피를 내야 하는 게 아니라, 찬양과 감사를 드리거나 예수님의 자기희생적 섬김을 따르는 개개인의 삶이라는 다른 방식으로 결정됩니다. 이런 접근법이 현재 용인되는 제사의 개념입니다.

초기 몇 세기 동안 기독교 교회의 예배에 유대교 뿌리의 몇 가지 것들이 계속 유지되었으나, 우리는 유대인의 예배에 대해서는 거의 모릅니다. 다만 초기의 희박한 증거를 통해서 그 몇 가지 것들이 간직되었음을 압니다. 무엇보다도, 기념하는 것이 기본입니다. 구원을 위해 하나님이 행하신 많을 일을 낭독하는 것이 하나님을 예배하는 주요 방법이었습니다. 그리스도인들은 이런 의식을 지속시켰고, 현재는 구원을 위해 행하신 하나님의 위대한 일들을 예수님을 바라보는 관점에서 이야기합니다. 그리고 한 주의 일곱 번째 날, 안식일에서 첫 번째 날로 중요한 날이 바뀝니다. 그 이유는 두 번째에서 설명하겠습니다.

세 번째, 모임의 주요 구성요소는 동일합니다. 유대인들과 그리스도인들 모두 하나님의 위대한 역사를 기념하는 기도, 다른 사람들의 필요를 위한 중보기도, 성경 봉독, 성경 적용 등을 유지했으며, 그런 다음 함께 음식을 나눕니다. 이러한 것들을 초대 교회 유대인들의 예배에서 볼 수 있습니다. 그리고 이런 의식이 초기 기독교로 이어집니다.

"가정에서의 부활과 미래에 마음을 쏟음"에 대한 설명으로 첫째, 그리스도인 예배자, 아마 전체 교회를 묘사할 것입니다. 일부 주석학자들은 이것이 예배자로서 나타난 전체 교회의 자기표현이라 설명합니다. 자세에 주목하시기 바랍니다. 인물이 서 있는데, 선 자세가 부활의 자세이기 때문입니다. 우리가 죽음에서 일어나면 누워 있지 않을 것입니다. 예수님이 죽음에서 일어나셨을 때 더는 누워 계시지 않으셨고, 일어나셨고 걸으셨습니다. 마찬가지로 초기 그리스도인들은 하나님을 찬양하고 감사하는 뜻에서 손을 든 채 서서 예배드렸습니다. 두 손을 들고 눈을 뜬 채 서서 발을 움직이는 게 부활한 사람들에게 전적으로 어울리는 자세입니다. 여기 하나님께 감사하는 3세기 기도문에서 가져온 짧은 인용문이 있습니다. "당신이 우리를, 당신 앞에서 당신을 위해 시역하기에 알맞게 하셨습니다."고 쓰여 있습니다. 이 말을 "당신은 우리에게 당신 앞에 서서 당신을 예배할 수 있는 능력을 주셨습니다."라고 바꿔 말할 수 있습니다.

여러분에게 제시하고 싶은 대표적인 글이 있습니다. 2세기 중반 정말 신실한 그리스도인이 적은 글입니다. 그의 이름은 저스틴(Justin)입니다. 그는 로마에서 살았고 순교했습니다. 신앙 때문에 죽임을 당했습니다. 그는 비그리스도인에게 기독교의 본질과 교회의 생명을 설명하기 위해 변증론을 썼습니다. 여기서 '변증(apology)'은 그리스도인들의 행위를 뉘우치거나 유감으로 생각한다는 뜻이 아닙니다. 설명하는 것입니다. 이것이 '변증'이란 단어의 또 다른 뜻입니다. 그가 "일요일이라 부르는 날에"라고 말하는 것에 주목해보겠습니다. 그날은 현재 모이는 날로, 토요일이나 안식일이 아니라 일요일, 즉 우리가 모이는 날입니다. 그다음 그가 설명하는 두 번째 인용문에 주목하겠습니다. 저스틴은 "일요일은 우리 모두가 공동 모임을 갖는 날입니다. 왜냐하면 그날은 하나님이 어둠을 바꿔 세상을 만드신 첫 날이기 때문이고, 바로 그날 우리 구세주이신 예수 그리스도께서 죽음에서 일어나신 날이기 때문입니다."

그러므로 우리는 왜 안식일이 아니라 주일에 모이는 것일까요?

1) 그날이 첫 창조의 첫날이기 때문입니다.
2) 그날이 부활을 통한 새 창조의 첫날이기 때문입니다.

하나님이 "빛이 있으라" 말씀하셨고 첫 창조가 있었습니다. 그리고 하나님이 또 말씀하시고, 무덤에서 돌을 치우고서 아들을 죽음에서 일으키셨습니다. 그렇게 새 창조의 첫날이 시작되었고, 새 창조가 부활의 중심에 있습니다.

그렇다면 그리스도인들은 모여서 무엇을 했을까요? 저스틴이 여기 이렇게 기술했습니다. "도시와 지역에 사는 모든 이들이 한곳에 모였고, 사도들의 전기와 선지자들의 글을 읽었습니다." 다시 말해 신약성경과 구약성경을 시간이 허락하는 한 아주 폭넓게 읽었습니다. "낭독이 끝나면 대표가 가르치고, 이런 모든 일을 본받도록 우리에게 지시했습니다. 그런 다음 우리는 모두 일어났습니다."

기도하는 자세에 주목하시기 바랍니다.

"그리고 기도했습니다. 앞서 언급했듯이, 기도가 끝나면 포도주와 물을 가져왔고, 대표가(여기서 저스틴이 가리키는 사람은 정부 기관의 어떤 대표가 아니라 모임을 주재하는 사람, 목사를 의미했습니다.) 능력에 따라 기도하고 감사드렸습니다. 그러면 사람들이 '아멘'하며 동의했습니다. 그리고 각자에게 나누었고, 그것에 대해 감사했습니다. 그 자리에 없는 사람들의 몫은 집사들이 전달했습니다."

그러니까 모임에 참석하지 못하면 집사들이 성찬을 가져다주었습니다. 이제 마지막 부분에 주목하시겠습니다. "부유하게 사는 사람들은 각자가 적합하다고 생각하는 것을 주었습니다. 그러면 모은 것을 가지고 대표가 고아와 과부, 아픈 사람, 가난한 사람들에 나누어주어 모두를 도왔습니다." 이것이 예배의 기본 형태입니다. 즉, 모여서 성경을 읽고 성경을 적용하고 중보 기도(중보기도는 모두가 일어나서 하는 주요 기도입니다.)한 다음 포도주와 빵을 나누는 것입니다.

또 다른 기도로 '감사기도'가 있습니다. 이번에는 모임에 참석한 사람 중 한 명이 기도하고, 음식을 나누고, 모임에 참석하지 못한 사람들의 몫을 배분한 다음에 돈을 제공할 능력이 되는 사람들이 가난한 성도들을 돕기 위한 것입니다. 이것들이 유대인의 뿌리에서 내려온 기본적 구성 요소들입니다. 그리스도인들은 이런 방식들을 적합하게 조화시키고 재조직해서 이후 1,500년 동안 주일 예배 때 사용했습니다.

음악과 설교, 기도와 같이 매주 드리는 예배의 각 측면들을 살펴보겠습니다. 음악과 관련해서, 초기 그리스도인들은 악기를 사용하지 않았다는 사실에 여러분은 놀랄지도 모르겠습니다. 그 이유는 모든 지역에서 악기는 이교도 의식 또는 이교도 예배와 매우 밀접하게 연결되어 있어서 이교도 단체를 연상시키지 않으면서 기독교에 예배에 해당 악기를 사용하는 게 불가능했기 때문입니다. 그래서 그리스도인들은 악기 없이 찬양하기로 결정했습니다. 또한 다 같이 한 목소리로 함께 찬양하기를 원했습니다.

그리고 믿음 안에서 하나 되는 것에 크게 역점을 두었습니다. 소규모의 가정 교회 안을 생각해보시기 바랍니다. 그들은 믿음으로 연합된 증거로서 모두의 목소리가 같은 음을 내기 원했습니다. 그리고 그들은 성경 본문으로 된 가사와 그렇지 않은 비성경 가사 모두를 노래로 불렀습니다. 성경 본문의 가사는 누가복음에 나오는 사가랴의 노래나 마리아의 노래 같은 찬송을 포함했을 것입니다. 그러나 주로 성경의 위대한 노래인 시편을 포함했을 것입니다. 그리고 초대 그리스도인들은 직접 노래를 짓기도 했습니다. 빌립보서 2장의, 자신을 비우시는 그리스도에 관한 구절은 초대 교회의 그리스도인들이 예배 때 사용하기 위해 직접 지은 비성경 노래 가운데 하나라는 강력한 증거가 있습니다.

두 번째로 설교입니다. 초기의 그리스도인들은 말하자면, 십자가에 못 박혀 돌아가셨다가 죽음에서 살아나신 예수 그리스도에 관한 단 하나의 설교만 했습니다. 그들은 예수 그리스도에 대해 말씀하시는 성경 전체와 특히 십자가에 못 박히심과 부활이라는 두 개의 주요 사건을 믿었습니다. 따라서, 그 사건들을 역사적 의미를 지닌 사건들로서 문자 그대로 해석했고, 또한 상징적으로도 해석했습니다. 즉 예수 그리스도에 대해서, 그리고 예수 그리스도 안에서 우리가 받은 구원의 경험을 말할 때 그것을 통해 이해했습니다.

한 가지 구체적인 예를 들면 이스라엘 민족이 홍해를 건너는 이야기가 있습니다. 문자적으로 그 이야기는 이스라엘 민족이 노예 생활에서 해방되는 이야기입니다. 초대 교회의 그리스도인들은 세례에 대해 말할 때 이 본문을 상징적으로 사용했습니다. "물세례를 통해 예수 그리스도께서 무찌르는 것은 더 이상 바로의 군대가 아니라 우리를 쫓아오는 사탄의 군대입니다. 우리는 이때 죄와 사망의 노예였다가 해방됩니다." 고대의 설교자들은 하나님의 역사 전체를 이해하는 열쇠로서 예수 그리스도의 죽음과 부활의 중요성을 거듭 강조했을 것입니다.

기도를 살펴보면, 이때의 기도는 준비 없이 즉석에서 하는 것입니다. 그들은 대체로 기도를 적어 오지 않고, 즉석에서 작성했습니다. 그렇다고 해서 기도에 일정한 양식이 없던 것은 아닙니다. 다만 기도문을 쓸 때 자신들의 기억과 마음으로 원하는 것들에 기대어 작성했음을 의미합니다. 제가 앞서, 하나님의 위대한 역사를 기억하는 것은 모든 기도에 있어 언제나 시금석과 같은 내용이 된다고 말했던 것을 기억하십니까? 바로 그것을 기도할 때 포함시켰습니다.

1세기부터 3세기의 그리스도인들이 오늘날 예배의 본질에 어떤 영향을 미쳤을까요? 오늘날 우리가 이 초기 3세기의 영향으로 볼 수 있는 것들은 무엇일까요?

첫째, 매주 드리는 예배의 주기가 이 시기의 영향으로 볼 수 있습니다. 일요일이 지금도 예배를 드리는 주요한 날이라는 사실은 우리의 예배가 여전히 부활 지향적이고 또 그래야 함을 의미합니다. 부활이야말로 기독교 예배가 기초를 두고 있는 기반과 같습니다. 또한 그리스도의 지체로서 일요일에 모임 시간을 지키는 일은 기독교 신앙의 주요한 상징입니다. 예수 그리스도의 몸이 죽음에서 일어난 바로 그날이 오늘날 그리스도의 지체인 교회가 모이는 날입니다.

둘째로, 유대인의 뿌리에서 가져온 예배의 내용입니다. 하나님의 역사를 기념하는 것은 기독교 예배 역사에서 견고한 기초로 유지되고 있습니다. 예배 때 무엇을 해야 하는지, 무엇을 하는 게 적합한지 알고자 할 때 그리스도인들은 하나님이 행하셨고, 현재는 예수 그리스도를 통해 기억되는 수많은 구원의 역사를 기억합니다.

세 번째 기여는 예배의 두 중심이 말씀(성경을 의미)과 성찬이 된 것입니다. 말씀(성경)과 성찬은 특히 1세기부터 1500년까지 기독교 예배에 있어서 두 개의 중심이었습니다. 그리고 어떤 집단에서는 그때 이후로 최근 500년 전까지도 여전히 그랬습니다.

마지막으로, 오늘날에도 여전히 우리와 관련 있고 진행 중인 문제 한두 가지를 제기하겠습니다. 그 문제들은 초대 교회 시기에 제기되었는데, 지금도 여전히 제기되고 해결해야 할 문제들입니다.

첫 번째 문제는, 기독교 예배가 주변의 비기독교 문화, 특별히 음악과 갖는 관계입니다. 이 관계가 어떠해야 할까요? 초기의 기독교인들은 악기가 이교도와 매우 강하게 연관되어 있어 어떤 악기도 사용하지 않기로 했다고 제가 말씀드린 것을 기억하실 것입니다. 이것은 "그리스도인은 음악을 포함해 주변 문화에서 어느 정도를 차용할 수 있는가?" 그리고 "언제 주변 문화와 차별화를 두어야 하는가?"라는 문제를 제기합니다. 그리스도인들은 이런 되풀이되는 주제를 놓고 고심해 왔습니다. 이에 대해 답을 하기가 간단하지 않기 때문입니다. 언제 어디서나 모든 그리스도인에게 적용될 수 있는 단 하나의 획일적인 답은 없습니다.

두 번째는 초대 교회 때 제기된 문제로, "예배드릴 때 성직자에게 특별히 구분되는 역할은 무엇인가?"입니다. 1세기에는 그리 분명하지 않았지만 2, 3세기에는 사제나 장로, 집사와 같이 특별히 임명된 사람들이 있는 것을 볼 수 있습니다. 순교사 서스빈의 글에서 집사들이 언급되는 것을 볼 수 있습니다. 예배 때 집사들이 하는 특정한 역할이 있었습니다. 그렇다면 성직자들만의 전문화되고 구별된 역할이 있어야 할까요? 만일 그렇다면 그 역할은 어떤 것이어야 할까요? 이 문제들은 초대 교회의 그리스도인들이 고심했던 것이고, 오늘날 우리에게도 여전히 관련 있는 문제들입니다.

제 3 장

4세기와 5세기

제 3 장
4세기와 5세기

이번 장에서는 교회의 4세기와 5세기, 즉 니케아 이후 예배로 넘어갑니다. 이 시기는 4세기 초 기독교가 합법화된 이후라는 사실을 기억할 것입니다. 우리는 초기 500년 중 이 마지막 200년을 살펴볼 것입니다. 처음 300년을 '니케아 이전'이라 분류했다면 그 이후 200년은 '니케아 이후'라고 명명할 것입니다.

니케아 회의를 기준으로 하면 각 시기를 명명하는 게 도움이 됩니다. 4, 5세기의 예배는 기독교 합법화에 적응하고, 과거에 초점을 맞추는 데 중점을 두었습니다. 처음 300년까지 기독교는 넓은 공공장소에서의 모임이 불가능해 가정 모임과 부활을 강조했지만, 4세기 초반 합법화가 된 이후 교회는 새로 얻은 이 지위 또는 사회 내의 새 역할에 조금씩 적응해 나갔습니다. 그중 하나는 미래에 대한 소망을 잃지 않으면서 또 그만큼 과거를 강조하는 일이었습니다. 우리는 이러한 것들을 특별히 시간적인 측면에서, 그리고 새 예배 공간의 건축 측면에서 살펴볼 것입니다. 그렇다면 무엇이 바뀌었을까요? 그리고 왜 바뀌었을까요?

기독교가 합법적이 되자 어떤 지역에서는 어마어마하게 많은 사람들이 그리스도인이 되고자 했습니다. 4세기까지도 때때로 불쑥불쑥 나타나긴 했지만, 박해의 위협이 대체로 없어졌습니다. 따라서 사람들은 점점 더 자유롭게 가족과 친구들을 전도할 수 있었고 점점 더 많은 사람들이 그리스도인이 될 기회를 얻었습니다. 실제로 그리스도인의 수가 상당히 많아졌습니다. 당시에는 세례를 받으러 오는 사람들은(4, 5세기까지도 세례를 받는 사람들 대다수가 성인이었습니다) 모두 그들에 대해 말해줄 수 있는 보증인과 함께 와야 했습니다.

결국, 문제가 하나 생겼습니다. 이 시대에 관한 일부 자료들에서 볼 수 있는데, 성직자들이 예배에 참석하는 모두를 아는 게 불가능해집니다. 성직자들은 교회의 일원이 되겠다고 온 사람들을 위해서 진실하고 좋은 증인으로 선 보증인, 즉 이미 교회의 일원인 사람들에게 의지해야 했습니다. 이전에는 교회 구성원의 수가 아주 적을 때는 잘 돌아가던 구조였는데, 한꺼번에 너무 많은 사람들이 들어오려고 하자 긴장감이 생겼습니다. 마치 문이 하나인 건물에 소수의 사람들이 들어올 때는 문제가 없었던 것과 마찬가지입니다. 그러나 4세기 후반 너무나 많은 사람들이 들어오자 그들 모두를 융화시키기가 무척 힘들어졌습니다. 이처럼 구성원의 수가 늘어난다는 것은 기독교 예배의 범위와 규모가 변할 수 있음을 뜻했습니다. 50명 또는 60명의 소단위 집단이 예배드리는 것과 500 또는 600명이 예배드리는 것은 서로 다른 문제입니다. 더욱이 5000 또는 6000명이 예배를 드린다면 완전히 달라집니다. 이처럼 2, 3세기에서 4, 5세기로 가면서 예배의 범위와 규모에서 차이가 생겼습니다.

이것은 장소와 횟수가 많아지면서 예배의 상황이 크게 달라졌음을 의미합니다. 이제 그리스도인들은 예배만을 드리기 위한 건물을 지을 수 있게 되었습니다. 그들은 본격적이고 왕성하게 예배 건물을 짓기 시작했습니다. 때로는 로마 황제가(4세기의 로마 황제들 대부분이 그리스도인이었습니다) 직접 주요 도시들에 대형 예배당을 건축하는 비용에 자금을 댔습니다. 잠시 뒤에 구체적 실례를 같이 볼 것입니다. 그들은 이 공공 예배 건물을 지을 때 두 가지 건축 양식 가운데서 하나를 택해 모방했습니다.

그중 하나가 로마 제국 때 공공건물에 흔히 쓰였던 '바실리카(basilica)' 양식입니다. 이 건축물은 두 개의 반원과 큰 직사각형의 형태로 이루어집니다. 그리스도인들은 건물 끝의 반원 하나를 중앙 출입구로 만듭니다. 또 다른 반원에는 감독과 성직자의 자리, 성찬대를 놓습니다. 여기가 설교단이 됩니다. 이 반원을 전문 용어로 '애프스(apse)'라고 합니다. 또 하나의 건축 양식은 무덤으로 쓰였던 '마우솔레움(mausoleum)'입니다. 이것은 둥근 형태의 건축물로 측면 건물이 8개가 되기도 합니다. 그리스도인들은 이 거대한 무덤 양식을 따라서 세례장을 짓습니다. 일반적으로 4, 5세기의 세례는 시체를 안치하던 마우솔레움을 따라서 지은, 분리된 건물에서 행했습니다.

공간이 달라지면 행동도 달라집니다. 앞서 제가 드렸던 말씀, 언제나 공간이 기독교 예배의 모습을 만든다는 사실을 기억하시기 바랍니다. 주변의 비기독교 문화의 영향이 강한 건축물을 이용해 그 문화 공간과 연합된 예식을 행함으로써 그 수준이 향상되는 것을, 우리는 목격합니다. 그리고 그 예식의 세세한 특징 또한 변하게 됩니다.

예를 들면 바실리카는 행렬을 위한 건축 양식입니다. 기둥들이 길게 늘어서고 중앙 출입구가 건물 한쪽 끝에 있는 긴 직사각형의 건물이기 때문입니다. 따라서 이 시기의 교회들에서는 특히 성직자들이(때로는 성도들도) 건물 한쪽 끝에서 시작해 반원, 즉 설교와 성찬식, 성경 낭독을 행하는 애프스까지 건물 전체를 통과합니다. 건물 자체가 높은 수준의 예식 절차를 행하게 만든 것입니다.

그러나 예식 절차가 많아졌어도 우리가 앞서 보았던 분명한 기본 구성 요소들은 그대로 유지되었습니다. 기념이 여전히 기본 요소였습니다. 그리스도인들은 예배 때 해야 할 일이 무엇인지 의문이 들면 하나님과 예수 그리스도를 통해 베푸신 강력한 구원의 행사들을 기억합니다. 하나님의 강력한 역사를 기억하는 것이 그것을 통해 하나님을 예배하고 찬양하며 감사하는 주요 방법이었습니다. 그리고 무엇보다도 주 단위의 시간 조직을 계속 유지했습니다. 따라서 예수 그리스도가 죽음에서 일어나신 부활의 날로서 일요일은, 그리스도의 몸인 교회가 모이는 날이며 계속해서 매우 중요했습니다. 여기에 연 주기의 날들이 새롭게 추가되는데, 그것들은 잠시 뒤에 설명하겠습니다. 전형적인 예배의 주요 구성 요소들, 즉 기념하며 감사하는 기도, 중보기도, 성경 낭독, 성경 적용, 성찬은 동일하게 유지되었습니다.

4, 5세기에 예배가 달라진 또 다른 이유가 있습니다. 기독교가 합법화가 된 이후 교회 문제에 대해 그리고 신앙을 표현하는 것에 대해 정부 관료들, 특별히 로마 황제의 관심이 점점 더 증가합니다. 이런 로마 정부의 관심에 맞서 설교자, 교회 지도자, 신학자들은 총회를 엽니다. 예수 그리스도의 위격(person)과 삼위일체 하나님, 구원의 본질과 관련해 그리스도인들이 믿어야 하는 것이 무엇인지 설명하려는 이들은 총회를 열어 중요한 교리들을 놓고 고심합니다.

교회가 황제의 감독을 받게 되었기 때문에 교회에서 예배 때 무엇을 기도하고 설교하는지 아는 일이 더욱 중요해졌습니다. 현재 집권 중인 특정한 황제의 잘못을 말한다면 반드시 생명이 위협받지는 않더라도 다니는 교회에서 면직되거나 추방당하게 됩니다. 실제로 그런 일을 당한 일부 뛰어난 신학자와 설교가, 감독들을 우리는 알고 있습니다. 일종의 표준에서 벗어난 신학 이론을 가지고 있는 뛰어난 교회 지도자가 새로 취임한 황제에 의해 면직당하곤 했습니다. 예배를 인도하는 지도자들은 말에 더욱더 주의해야 했습니다. 이로 인한 압력 때문에 예배 때 즉석에서 행하던 것들이 전부 미리 작성됩니다. 미리 글로 작성해 놓으면 검토할 기회가 있었기 때문입니다.

이제, 기독교 합법화가 자리 잡아 가고 과거에 집중하는 모습을 보여 주는 대표적인 것을 설명하겠습니다.

첫 번째, 실제로 예루살렘에 지어진 매우 중요한 예배 건축물입니다. 1세기 후반쯤에 이르러서 예루살렘은 초기 십여 년 동안 가졌던 일종의 영향력을 더 이상 행사하지 못했습니다. 사실 2, 3세기에 가서 예루살렘은 로마 황제의 개혁 작업을 통해, 로마 제국의 다른 지방 도시들 모형과 마찬가지로, 주로 비유대인들이 사는 도시가 되었습니다. 로마인들이 스페인 또는 프랑스의 도시를 어떻게 배치했을지 상상해 보시기 바랍니다. 2, 3세기에 예루살렘도 그런 식으로 배치되었습니다.

로마인들은 2세기 중반에 유대인 봉기에 따른 조치로 예루살렘을 파괴한 뒤 예루살렘 도시 전체의 건축물 개혁을 감행합니다. 그리고 4세기에 로마 황제들은 기독교 합법화와 함께 예루살렘에 관심을 갖기 시작합니다. 최초의 그리스도인 황제 콘스탄티누스 1세는 예루살렘, 특히 예수 그리스도의 일생에서 주요 사건들이 일어난 역사적 장소들에 일련의 새 예배 건물들을 짓는 데 자금을 대기로 결정합니다. 한 예로 예수님이 죽은 나사로를 살리셨던 베다니의 나사로의 집에 새 교회를 지었습니다. 감람산에도 새 교회들을 지었습니다. 특별히, 예수님의 십자가 고난과 부활이 있었던 장소에 지은 성묘 단지도 마찬가지입니다. 이 성묘 단지는 오른쪽에 긴 장방형의 '순교자 기념관(Martyrium)' 건물과 왼쪽에 마우솔레움에 기초한 원형 건물 '아나스타시스(Anastasis)'가 있습니다. 순교자 기념관 바로 옆 중앙에는 일종의 뜰이 있습니다.

예수님이 십자가에 달려 죽으신 장소, 골고다로 알려진 십자가 죽음을 당하신 곳 주변에 뜰이 있습니다. 그곳은 바위가 있는 곳이고, 그 옆에 바실리카 양식에 기초한 긴 직사각형의 건물, 순교자 기념관을 지었습니다. 이 반원 부분은 앞서 말씀드렸던 애프스입니다. 애프스는 성경을 낭독하는 곳입니다. 여기는 성찬대이고요. 감독과 장로, 성직자는 모두 여기 반원 부분에 앉았습니다. 이 바실리카가 주요 예배 장소입니다. 그러나 때로는 여기 열린 광장이나 아나스타시스(Anastasis)에서 예배를 드리기도 했습니다. 아나스타니스는 그리스 어로 '부활'이라는 뜻입니다. 바로 여기 예수 그리스도의 빈 무덤에 위치하는 이 둥근 건물은 아나스타시스라고 합니다. 이곳은 무덤이 따로 분리될 수 있도록 실제로 산비탈을 잘라내 사람들이 이 주위로 걸어 다닐 수 있었습니다. 때로는 여기서도 예배를 드렸습니다.

예를 들어 보겠습니다. 예루살렘에서 매주 일요일 아침 동이 트고 닭이 울 때 그들이 제일 먼저 한 일은 감독과 함께 예수님의 무덤 앞에 가는 것이었습니다. 이 열린 뜰에 가득 찬 사람들이 보는 앞에서 감독은 무덤 앞으로 갔습니다. 그리고 매주 일요일 동이 틀 때, 예수님의 십자가 죽음과 부활 이야기 전체를 낭독했습니다. 이것을 예수님이 부활하신 바로 그 장소에서 한다는 게 얼마나 감동적일지 상상할 수 있을 것입니다. 정말로, 감독이 그 성경 구절들을 낭독하는 장면을 묘사하는 곳에서는 예수님의 십자가 고난을 읽을 때 사람들이 깊이 감동받아 울었고, 예수님의 부활 장면을 읽을 때는 기뻐 환호했다고 합니다. 실제로 그곳에 있다면 얼마나 감동적일지 상상이 가실 것입니다.

이 공간을 다른 용도로도 사용했습니다. 세례식 때 썼던 세례장은 골고다 옆에 있었을 것입니다. 세례를 위한 독립된 건물이 있었습니다. 새로 신자가 된 이들에게 세례를 준 다음 처음으로 한 일은 그들을 예수 그리스도의 무덤으로 데려갔을 것입니다. 로마서 6장을 인용하면서 했을 말을 상상할 수 있을 것입니다.

"'그러므로 우리가 그의 죽으심과 합하여 세례를 받음으로 그와 함께 장사되었나니' 이제 여러분은 그리스도와 함께 새 생명으로 살아났습니다. 하나님께서 실제로 여러분 안에서 역사하시는 성령과 동일한 성령으로 역사하사 그리스도를 죽은 자 가운데서 살리신 곳, 무덤으로 가 봅시다."

그리고 세례를 받은 모든 사람을, 그리스도인들이 가득 모여 찬양하며 경배하고 있는, 순교자기념관으로 데리고 갔을 것입니다. 방금 전에 세례를 받아 물기가 마르지 않은 이들이 들어오면 예배드리던 이들의 환호가 더욱 커졌을 것입니다. 이곳에 모인 사람들이 얼마나 깊이 감동 받았을지 상상할 수 있을 것입니다. 예루살렘 교회에서 또한 인상적인 점은, 여러 건물들이 여러 장소에 퍼져 있었다는 점입니다. 교회가 합법화가 된 이후 놀랍게도 그들은, 때때로 감람산의 한 장소에서 예배를 시작해서 예루살렘 도시 내의 또 다른 건물로 이동하면서 길에서 예배를 드렸습니다. 거리로 나가 예배를 드린 것입니다. 그렇게 할 수 있는 자유를 느꼈습니다. 그 예배의 규모와 범위를 상상할 수 있을 것입니다.

이 시기의 결정적인 변화를 보여 주는 글을 소개하겠습니다. 대략 383년에서 384년까지 예루살렘을 다니면서 쓴 '순례 일기' 속 내용입니다. 저자의 이름은 에게리아(Egeria)입니다. 그녀는 스페인 출신의 수녀였다는 게 조금 특이합니다. 그녀는 사실 전 국토가 성지인 예루살렘으로 거의 1년 동안 성지순례를 떠납니다. 예루살렘에서 흥미롭게 본 예배를 기록합니다. "내가 칭찬하고 감탄하는 것은 모든 찬송과 교송(짧은 송가), 낭독문, 감독의 기도문이 그들이 기리는 날과 현재 있는 장소와 늘 상응한다는 점이다. 언제나 적절했다."

이 짧은 단락에서 에게리아가 강조하는 것은 절기를 정하는 방법이 예수 그리스도의 생애에서 일어난 특별한 사건들을 기념하는 날들과 밀접하게 관련돼 있었다는 점입니다. 그리고 예배를 위한 교회 건물들을 그 장소 또는 그 옆에 지었습니다. 그리고 그들이 하는 모든 행위, 즉 찬송과 낭독, 기도의 모든 내용이 그 시기와 장소에 초점을 맞췄다고 말하는 것에 주목해야 합니다. 이 사실은, 그녀가 이전에 드렸던 예배, 그녀의 스페인 동료들에게 익숙했던 예배는 이런 절기에 따라 진행되지 않았음을 암시합니다. 그들은 연 단위로 구성한 예배 내용, 특히 예수 그리스도의 일생과 사역, 죽음, 부활이라는 특별한 사건들을 기념하는 예배 내용에 익숙하지 않았습니다. 이와 같은 연 주기의 절기 표준은 4세기에 주로 발전된 것입니다.

음악과 설교, 기도에 대해 간단히 살펴보겠습니다. 이 시대의 예루살렘과 그 외 지역의 그리스도인들에게는 다양성이 있었다는 사실을 기억해야 합니다. 그리고 상당히 완벽한 이 연간 일정표가 적용되는 수준은 세계 어느 지역의 기독교냐에 따라 달라집니다. 예를 들어 12월 25일의 크리스마스가 어느 지역에서는 일찍, 그에 비해 다른 지역에서는 늦게 도입됩니다. 이 예를 든 이유는 다양성의 개념을 보강하기 위해서입니다. 그러나 이런 다양성에도 불구하고 음악과 설교, 기도를 중시한다는 것은 어느 정도 보편적인 현상이었습니다. 이와 같은 일반적인 관례들에는 어떤 것이 있었을까요?

음악과 관련해서 말씀드리겠습니다.

첫째, 기독교가 합법화되었어도, 또는 그 때문에 더욱더 악기를 사용하지 않았습니다. 기독교 음악이 비기독교 음악과 연합될 위험이 너무 컸기 때문입니다. 그래서 그리스도인들은 계속 악기 없이 노래했습니다.

둘째, 그들은 예배드릴 때 음악을 분리하지 않고, 모든 것을 음악적으로 했습니다. 말하는 것과 노래하는 것은 같지 않습니다. 그러나 음악이 예배의 기본 방식이 되었습니다. 즉, 말과 노래 사이의 구분이 더욱 불분명해졌다는 뜻입니다.

셋째, 때로는 회중과 함께 찬양하고 또 때로는 단독적으로 찬양하는 천양대와 독창자들이 있었다는 분명한 증거가 있습니다. 다시 말해 예배 때 찬양을 전문으로 하는 준비된 음악가들이 있었다는 뜻입니다.

넷째, 많은 회중이 쉽게 찬양할 수 있도록 단순한 가사를 사용하기 시작한 것을 볼 수 있습니다. 이것은 회중이 쉽게 배우고 쉽게 반복해서 부를 수 있는 방안입니다. 찬양대나 독창자가 찬양을 시작하면, 회중은 매 절 끝에 단순하고 한 줄 가사로 된 후렴구를 불렀습니다.

마지막으로, 제가 예배 때 잘못된 말을 하게 될 위험이 커졌다고 언급한 것을 기억하십시오. 그런 위험 때문에 이 시기에는 주된 찬양 가사로 시편을 더욱더 의지하게 되었습니다. 누군가가 찬양 가사를 짓는 대신 예배 때 부를 찬양의 주요 내용을 시편에서 가져왔습니다. 왜 그랬을까요? 성경은 믿을 수 있는 책이고, 시편이야말로 성경에서 중요한 노래들이었기 때문입니다.

설교와 관련해서는 이전과 동일한 시각을 유지합니다. 즉 예수 그리스도의 죽음과 부활, 그리고 그것을 증거하는 성경 전체를 설교합니다. 그러면서 이 시기에 중요한 발전이 이루어집니다. 1년을 주기로 주요 날과 절기에 맞게 글을 만들어 설교를 하기 시작합니다. 이렇게 절기에 따라 구성된 성경 글들을 성구집이라고 합니다. 중요한 날에는 성구집에 따라 설교하게 됩니다. 예를 들면, 성탄절에는 예수 그리스도의 탄생이라는 확실한 본문이 있으므로, 해마다 그 본문에 근거한 설교를 하게 됩니다.

기도를 살펴보겠습니다. 최종 목적으로 하나님의 역사하심을 기억한다는 사실은 변하지 않았습니다. 그러나 교리 감시가 계속되고 더 많아지면서, 준비 없이 즉흥적으로 하던 기도가 미리 작성한 기도문으로 바뀌게 됩니다. 미리 작성해서 기도를 하면 정해진 시간 안에 처음부터 끝까지 하려던 기도 전체를 할 수 있습니다. 즉흥적으로 할 때는 주어진 시간에 따라 기도를 줄이거나 길게 늘이게 됩니다. 그러나 기도문을 미리 작성하면, 기도문을 전부 다 읽기 위해 얼마만큼의 시간이 필요할지 명확히 알 수 있습니다. 예배 순서에서 빼는 것 없이, 더 많은 것을 추가하면, 시간이 촉박해집니다. 그래서 기도를 전보다 빠른 속도로 하게 됩니다. 아니면 예배의 다른 순서 때, 특히 찬양대나 독창자가 찬송을 부를 때, 조용히 기도를 시작합니다. 또한 기도문을 미리 작성해오므로 기도 내용의 다양성이 줄어들게 됩니다. 이것은 기도 내용이 점점 동일해진다는 것을 의미합니다. 이런 이유로, 특히 5세기에는 일정한 지역 내의 예배 방식이 모두 비슷해지는 현상을 보게 되는데, 이것은 모두 같은 기도 모음집을 사용하기 때문이었습니다.

이 시기가 오늘날 예배에 어떤 영향을 미쳤을까요? 사실 여러 가지가 있습니다.

첫째, 평신도에게 규정된 역할이 있다는 예식이 자랐습니다. 평신도의 역할은 성직자와 찬양단이 예배 때 특정한 역할을 한다는 생각과 연관이 있습니다. 평신도도 예배 때 해야 할 역할이 있는 것입니다. 예배당 자체도 이처럼 구분된 역할에 따라 공간이 분명하게 구분되기 시작합니다. 성직자의 공간이 있고 찬양대의 공간이 있으며 일반 신도들의 공간이 있었습니다. 역할에 따라 건물이 구분되었듯이, 예배 행위도 그와 같은 기준에 따라 나뉘기 시작합니다. 이 시기의 예배를 묘사한 것들을 보면 여전히 그리스도인들이 꽤 활동적입니다. 여전히 예배가 활기 넘쳤습니다. 그들이 조용히 있지는 않았지만, 미리 정해진 역할이 있었습니다. 이것은 예배의 규모와 범위가 커지고 회중이 증가한 사실을 고려하면 놀라운 일도 아닙니다. 가정에서 예배를 드릴 때는 어느 정도 융통성을 발휘할 수 있었습니다. 그러나 천 명 이상의 사람들을 수용하는 대형 건물에서라면 좀 더 구분된 역할들을 두게 됩니다.

둘째, 이 시기는 현재 '교회력'이라 알려진 연간 행사 일들을 작성하는 데 기여했습니다. 대체로 4세기 말에 완성된 이 교회력을 오늘날까지 많은 교회가 따르고 있습니다. 교회력을 열어, 어떻게 구성되었는지 보여 드리겠습니다. 처음으로 맞게 되는 날이 부활절 또는 좀 더 예전의 용어로 하면 파스카(Pascha) 또는 유월절입니다. 유월절은 목요일, 금요일, 토요일 그리고 예배를 위해 연합하는 시기인 주일에 초점을 두었습니다. 따라서 1년 단위로 일정을 구성하던 초기에 그리스도인들은 이 목요일부터 주일을 예수님이 죽음을 통과해 살아나신 것을 기념하는 기간으로 지정했고, 중간에 시간적 분기점이 있는 단 한 번의 예배로 구상했습니다. 목요일 저녁부터 주일 아침까지 죽 이어지는 한 번의 예배였습니다. 토요일부터 주일이 특히 중요했는데, 어떤 교회들에서는 토요일 일몰 때 시작해 주일 아침 일출 때까지 말 그대로 밤새 예배를 드렸습니다. 부활절 아침 해 뜨기를 밤새 기다리는 철야였습니다.

4, 5세기로 들어서면 시간을 구별해서 정한 특별한 날의 기간이 늘어납니다. 예를 들면 부활의 첫 주간('브라이트 위크 Bright Week'라고 불렀습니다)에는 날마다 예배를 드렸습니다. 그다음 성령 강림절까지 50일이 이어집니다. 예수님이 부활하시고 나서 40일 뒤 승천절이

특별한 날로 정해집니다.

그리고 50일 뒤인 성령 강림절이 특별한 날로 정해집니다. 준비 기간도 있습니다. 이것은 성주간으로, 성경에 예수님의 예루살렘 입성 이야기로 나옵니다. 이 기간은 또한 세례를 주기 전 사람들을 준비시키는 집중적인 준비 기간에 속했습니다. 많은 지역에서 세례를, 철야가 지난 후 부활절 아침에 주었습니다. 처음에는 이 집중적 준비 기간이 3주간이었는데, 결국에는 40일이 되었습니다. 이 확장된 기간을 '사순절'이라 부릅니다. 이것이 한 주기로, 예수 그리스도의 죽음과 부활을 기념하는 성주간을 예고하는 준비기입니다. 그리고 50일간의 기념 의식이 계속되고, 우리는 예수 승천일과 성령의 부으심에 감사하며 예배합니다.

이와 비슷한 기원을 갖는 또 다른 주기가 있습니다. 일부 지역, 특히 동방의 기독교 지역에서는 1월 6일 주현절 축일과 함께 시작됩니다. 용어 자체가 하나님의 나타나심을 뜻하고, 예수 그리스도를 통해 하나님이 나타나심을 의미합니다. 두 개의 강조점 중 하나, 즉 예수님의 탄생 또는 지역에 따라서 세례를 의미합니다. 1월 6일에 해당하는 이날을 동방의 기독교 지역 일부 지역에서는 하나님의 특별한 나타나심으로서 예수 그리스도의 세례에 중점을 두었습니다. 특히 예루살렘 같은 또 다른 지역에서는 예수 그리스도를 통한 하나님의 또 다른 종류의 현현으로서 예수님의 탄생을 강조했습니다.

그러나 서방 기독교 지역에서는 예수님의 출생 또는 탄생을 완전히 다른 시기인 12월 25일로 기념하기 시작했습니다. 4세기 두 지역을 이동하는 순례자들은 기념 예배에 두 번 참석했습니다. 서방 기독교 지역에서 동방 기독교 지역으로 이동하면서 12월 25일에 기념하고 두 번째로 1월 6일에 기념할 수 있습니다. 여러분 중에 1월 6일의 다른 이름을 아시는 분이 있을 것입니다. '티아파니(Theophany: 신의 출현)'가 아닌 '에피파니(Epiphany)', 곧 주현절입니다. 에피파니는 예수 그리스도를 통한 하나님의 완전한 나타나심을 가리킵니다. 4, 5세기에 부활절과 비슷하게, 12월 25일 예수님의 탄생 후 8일째에 할례 의식을 축하하는 기간을 갖기 시작합니다. 그리고 탄생 40일째가 되는 2월 2일 예수님이 요셉과 마리아와 함께 성전에 들어가신 날을 기념합니다.

지역에 따라 12월 25일 또는 1월 6일에 세례를 주므로 그 시기에 무슨 일을 하는지 상상할 수 있을 것입니다. 곧 금식과 구제 활동, 세례 받기 전의 일반적인 준비 기간을 갖습니다. 이 기간이 결국에는 모든 그리스도인을 위한 일반적인 준비 기간으로 바뀌었습니다. 이 준비 기간이, 여러분 중 어떤 분들은 지키고 계실 강림절의 기원입니다. 이렇게 '강림절 - 성탄절 - 주현절' 주기가 정립되었습니다. 현대의 교회력의 전체 또는 부분적인 모습이 4세기에 발전되었습니다. 이것이 4세기가 오늘날 예배 방식에 기여한 중요한 영향입니다. 여러분의 교회가 성탄절과 부활절만 지킬 수도 있습니다. 여러분의 교회 전체가 그렇다 하더라도 그것은 전부 4세기 관습에서 유래한 것입니다.

이 시기에 제기할 수 있는 시의성 있는 질문은 무엇일까요?

첫째는 접근성과 관련된 문제입니다. 즉 비신자들을 예배에 접근하게 하려면 어떻게 해야 할까요? 신실한 그리스도인들이 예수 그리스도께 순종하게 만드는 데 있어 예배는 어떤 역할을 할 수 있을까요? 제가 이런 질문들을 제기하는 까닭은, 기독교가 합법화된 이후에도 교회들이 초기의 관례를 계속 유지했기 때문입니다. 즉 설교와 성경 낭독 후, 세례를 받지 않은 사람들을 세례 받을 수 있도록 준비하도록 했습니다. 그래서 예배 주기와 행위 자체를 통해서, 세례받은 예배자들이 본보기가 되도록 했습니다. 이들은 중보기도와 성찬식, 그날의 헌금, 교제에 참여하는 데 준비된 예배자들입니다. 이런 고대의 관행은 우리가 비신자들을 전체 예배에 어떻게 참여시킬 수 있을지, 그리고 예수 그리스도의 신실한 제자들을 만드는 데 있어 예배의 역할은 무엇일지와 같은 흥미로운 문제들을 제기합니다.

둘째, 1년 주기의 교회력 구성이 현재 우리에게 얼마나 시의성이 있는지 의문을 제기할 수 있습니다. 예배를 위한 성경 구절과 찬양 가사를 어떻게 선택해야 할까요? 특히 중요한 리듬이나 양식, 관례들은 교회들이 공유해야 할까요? 그런 것이 있으면 안 될까요? 이 질문에 대한 답변은 우리가 전체적인 형식이 존재하지 않았던 시기인 3세기에 있는지, 아니면 전체적인 형식이 존재했던 시기인 4세기 말 100년 후인지에 따라 달라질 것입니다. 여러분이 곰곰이 생각해보고, 기독교 예배에 존재했던 다양한 관례들과 다양성에 주목하도록 이 문제들을 던지고 싶습니다.

제 4 장

6세기부터 10세기

제4장
6세기부터 10세기

오늘날의 예배에 이르는 길, 곧 기독교 예배의 역사에 오신 것을 환영합니다. 우리는 교회와 예배의 역사를 500년 단위로 네 번에 나눠서 보고 있습니다. 이번 장에서는 두 번째 500년 전체 기간을 살펴볼 것입니다. 두 번째와 세 번째 500년 기간이 합쳐져 중세 시대를 이룬다는 사실을 기억할 것입니다. 따라서 이번 장에서는 중세의 전반기가 될 것입니다. '중세'라는 용어는 첫 500년과 최근 500년 사이 중간에 있는 1000년의 시기를 말합니다. 그래서 '중세'라고 불리며, 2000년의 기간 중 전반기 500년을 살펴볼 것입니다.

저는 이 500년의 기간을 '왕들과 황제들과의 예배'라고 정의하겠습니다. 물론 교회의 일반적인 예배자들은 평생 동안 당대의 왕 또는 황제와 접촉할 일이 거의 없었을 것입니다. 따라서 이 정의는 왕 또는 황제와 직접 마주하여 예배드렸음을 의미하지는 않습니다. 다만 두 가지를 지적하려고 합니다. 첫 번째는 교회와 정치 영역 또는 교회와 국가 간, 더 나아가 교회와 사회 간의 커가는 친밀함입니다. 학자들이 '크리스텐덤(Christendom)'이라 부르는 '기독교 국가'들이 이 중세 초기에 나타납니다. 이것은 교회란 단지 사회의 확립된 한 부분이라는 개념을 나타냅니다.

누군가가 어느 사회에 특정한 정치 영역하에서 태어나면 그 사람은 동시에 교회 안에서 태어난 것으로 간주하는 것입니다. 다른 식으로 설명할 수 있습니다. 즉 누가 교회 안에서 태어난다면 그 사람은 또한 사회 내에서 태어나는 것이기도 합니다. 중세 초기 교회와 사회는 겹쳐지며 서로 긴밀해집니다. 정치 영역에서 왕 또는 황제가 사회에 군림한다는 점을 생각하면 제가 규정한 용어의 두 번째 이유를 감지할 수 있을 것입니다. 왕과 황제가 교회 위에 있고 교회의 예배 모습을 형성하는 데 영향을 주었다는 인상을 줍니다. 실제로 그랬습니다. 때때로 어떤 왕 또는 황제들은 정치 영역에서 통치를 위해서, 특히 왕국 내의 통합을 끌어내기 위해서 왕국 내 교회들의 예배에 영향을 끼치려고 했습니다. 이 시대에 그런 일이 반복적으로 일어났고, 그것은 왕과 황제들의 흔한 전략이었습니다.

무엇이 변했고, 왜 그렇게 변했는지 살펴보겠습니다.

지금은 무엇이 변했는지 생각해보기 전에 먼저 그 이유를 살펴볼 필요가 있습니다. 이 500년은 서유럽의 로마 제국이 붕괴되는 격동기로 온갖 변화들이 일어나는 환경이었습니다. 로마 제국은 예수님의 탄생 직후 건립되었고, 잉글랜드에서 북아프리카까지 거의 온 유럽에 걸쳐, 그리고 중동과 예루살렘까지 안정과 질서를 확보해주는 원칙을 확립했습니다. 여러분은 예수 그리스도의 십자가 고난을 지켜본 로마 백부장의 이야기를 복음서에서 읽은 기억이 있을 것입니다. 팔레스타인도 로마 제국의 속국이었습니다. 모든 게 준비되어 있었습니다.

　로마 제국은 시시때때로 그리스도인들을 박해했고, 그 정도는 매우 지독했습니다. 그러나 전반적으로, 폭넓은 지역에 걸쳐 경제적, 정치적, 사회적 안정을 제공했습니다. 5세기부터 시작된 여러 부족들의 급습과 약탈로 로마 자체와 서유럽과 북아프리카의 로마 제국은 붕괴되었습니다. 그 결과 대변동이 일어났습니다. 사람들은 완전히 혼란에 빠졌습니다. 로마 제국이 수백 년은 갈 것이라고 기대했었던 것입니다. 그런데 갑자기 정치 군사적 안정과 질서를 지켜 줄 능력을 잃은 것입니다. 따라서 사람들은 안정을 위해, 심지어 고대하는 정치적 안정을 위해 교회를 바라보기 시작했습니다. 교회 지도자들은 이에 관심을 갖기 시작했고, 사회를 다시 안정시키고 통치권을 확고히 굳히길 원하는 왕 또는 황제들과 동맹을 맺길 바랐습니다. 이것이 서유럽의 모습이었습니다.

　놀랍게도 동방의 기독교 국가들(동유럽과 중동)에서는 로마 제국이 지속되었습니다. 그러나 이 동방에서도 교회와 정치 영역은 점점 더 가까워집니다. 서유럽이든 동방 기독교 국가들이든, 일반적인 예배자나 교회 지도자 모두가 안정을 원했으므로 보수적 성향이 점점 강해졌습니다. 사람들은 사회 질서 측면에서, 교회 생활에서, 따라서 예배에서 안정을 갈망했습니다. 사회 질서와 정치, 경제, 사회의 안정을 갈망하므로 예배에서 보수적인 성향이 커졌습니다. 이것은 예배에 큰 변화가 없었음을 의미합니다. 확실히 보수성이 커지면 상황을 바꾸고자 하는 충동은 사라집니다. 오히려, 변화들로 인해 예배 예식 절차의 수준이 지속적으로 상승했습니다. 게다가 교회 밖 당국자들이 교회 내부에 미치는 영향이 커졌습니다.

이 시기 500년 경, 왕과 황제들과의 예배를 보여 주는 대표적인 모습이 이전에는 비그리스도인이었던 클로비스(Clovis) 왕의 세례식 사건입니다. 그는 현재 프랑스 지역 대부분의 영토를 통치했던 왕으로, '프랑크 사람들의 왕'이라는 뜻으로 '클로비스'라 불렸습니다. '프랑크'는 그가 다스리던 민족의 이름이었습니다. 클로비스는 비그리스도인임에도 그리스도인 여자와 결혼했습니다. 그녀와 친척들, 감독들이 클로비스에게 복음을 전해 기독교를 의지하게 하려고 했습니다. 클로비스가 그리스도인이 된다면 사실상 그 나라의 거의 모든 사람이 그리스도인이 될 것이기 때문이었기 때문입니다.

500년경 성탄절, 클로비스가 세례를 받는 장면을 보시면, 침례반에서 나오는 클로비스가 옷을 하나도 걸치고 있지 않은 것에 주목할 필요가 있습니다. 이것은 초기 4세기까지 세례식 때 해오던 방식이었습니다. 이전에 언급하지 않았지만 지금 '누드 세례'를 말씀드립니다. 그가 세례를 받은 날을 포함해 연속성을 말할 수 있는 몇 가지가 더 있습니다. 4세기까지 세례는 대부분의 지역에서 1년 중 특별한 날 또는 축일, 일반적으로 부활의 날인 부활절에 행했습니다. 아니면 예수님의 탄생일인 크리스마스인 12월 25일에 했습니다. 클로비스도 12월 25일에 세례를 받았습니다.

왕이 성탄절에 세례를 받는다는 것이 왠지 흥미롭고 심지어 이상하다고 생각할 수 있습니다. 그러나 그 당시는 정치와 교회 사이의 결합이 점점 커지는 시기였음을 고려해야 합니다. 그리고 유대 민족의 왕이 되기 위해 태어나신 예수 그리스도가 다윗 왕의 혈통이었다는 사실을 생각해보아야 합니다. 그러므로 성탄절에 왕이 세례를 받는 것은 당시의 그리스도인들에게 타당하게 여겨졌을 것입니다.

실제로 이것은 그 연합이 더욱 강력해졌음을 보여 줍니다. 프랑스 지역을 통치했던 또 다른 왕 샤를마뉴 대제('샤를마뉴 Charlemagne'는 프랑스식 표현이고 영어식으로는 'Charles the Great'입니다)의 대관식입니다. 서기 800년, 이 또한 성탄절에 로마 교황은 샤를마뉴 대제에게 로마 제국의 신성한 새 황제의 왕관을 씌워 줍니다. 로마 제국의 안정을 재확립하고자 하는 갈망으로 인해 샤를마뉴는 교황에 의해서 단지 왕의 지위가 아닌 황제의 지위로 승격됩니다. 이 사건의 신학적 해석은 천국의 성 베드로의 그림에서 찾을 수 있는데, 그림 오른쪽에 '베드로'의 라틴어 명인 '페트루스(Petrus)'가 적혀 있습니다. 베드로가 당시의 교황이었던 교황 레오에게 성직자, 특별히 교황의 권위를 상징하는 영대를 주고 있으며, 베드로는 또한 샤를마뉴에게 정치적 권위를 상징하는 것을 주고 있습니다. 이 그림은 당시 사람들의 사고방식에 대해 많은 것을 말해 줍니다. 베드로는 당시에 로마 황제에 의해 순교 당했는데, 아이러니하게도 후에 천국에서부터 새 황제에게 정치적 권위의 상징을 부여합니다.

여러분에게 제시하고 싶은 대표적인 글은 황제의 대관식에 관한 글입니다. 이것은 샤를마뉴 대제 때 행하던 의식은 아닙니다. 그로부터 2세기 정도 후의 대관식입니다. 그러나 이 글을 보면 당시에 교회와 정치 영역이(또는 교회와 사회가) 얼마나 가깝게 결합 되었는지를 알 수 있습니다. 여기서 한두 가지를 강조하겠습니다. 한 가지는, 황제로 즉위하면서 예수 그리스도의 이름으로 서약했다는 점입니다. 의식 때, 곧 즉위하는 황제가 예수 그리스도의 이름으로 서약하는 것은 이때가 처음입니다.

또한, 하나님의 임재와 베드로 사도의 축복을 언급하는 것에도 주목해야 합니다. 그리고 황제가 교회의 보호자이자 옹호자가 되겠다고 서약하고, 그다음 감독이 로마에 위치한 알바니아 성 아래서 첫 번째로 기도하는 것에도 주목할 필요가 있습니다.

그리고 두 번째 감독이 나와 두 번째로 기도하는데, 이번에는 신성한 사도 베드로의 교회, 즉 로마에 있는 성 베드로 성당에서입니다. 이 특별한 기도를 보면, 몇 가지 흥미로운 점들이 눈에 띕니다.

첫째, 이 기도는 구약 성경에서 특히 중요한 개념을 가져와 하나님이 덤불에서 모세와 전쟁터에서 여호수아와 전장에서 기드온과 성전에서 사무엘과 함께하셨듯이 이제 막 즉위한 황제와 함께해 주시기를 하나님께 요청하고 있습니다.

그리고 다윗이 시편에 표현하고 솔로몬이 하나님으로부터 받은 축복과 지혜를 황제에게 부어 주시기를 요청합니다. 그러므로 이 기도는 지도자 특히 구약 성경의 왕들의 이미지를 따와서 중세의 황제에게 구약 성경의 인물들의 이미지를 섞고 새겼음을 알 수 있습니다.

그리고 황제를 군사적으로 인도해달라고, 심지어 폭력적인 수단을 통해서라도 권위를 행사해달라고 교묘하게 요청하는 기도에 주목하시기 바랍니다. 하나님께 "적과의 전장에서 흉갑이 되어 주시기를"하고 기도하는 것은 적이 황제에 대항해 군사를 몰고 올 때 강력한 방어 수단이 되어 달라고 하나님께 기도하는 것입니다.

또한 하나님이 "역경 속에서 투구가, 번영 속에서 인내의 원천이 되어 주시기를" 기도하고 있습니다. 이 감독은 본질적으로 황제가 그의 왕국의 모든 면에서 유능한 정치적 지도자가 되게 해 달라고 하나님께 기도하고 있는 것입니다.

기도가 계속됩니다. 이때 성유를 바르는데, 이것은 성경에서 왕과 왕족에게 썼던 것은 물론 이전 세기의 세례 관습을 연상시킵니다. 앞 세기에 세례는 성유 붓는 것도 포함되었습니다.

마지막 여섯째에서, 교황이 직접 새 황제의 머리에 왕관을 씌워 줍니다. 이 내용을 통해 우리는, 당시 사람들이 예배를 통해서 황제가 즉위한다는 생각을 갖고 있었음을 알 수 있습니다. 이렇게 볼 때 당시에 교회와 정치 영역이, 교회와 사회가 얼마나 긴밀히 융합되었는지를 알 수 있습니다.

이제 음악과 설교, 기도가 이 시대에 어떻게 되었는지 간단히 살펴보겠습니다. 음악과 관련해서는 특별히 의미 있는 발전이 있었습니다. 처음으로 악기, 특히 오르간을 사용하게 되었습니다. 예배당에 오르간은 너무도 흔히 볼 수 있는 풍경이어서 어떤 사람들은 오르간이 중세에 와서야 교회에 처음 등장했다는 사실이 조금 놀라울 것입니다. 초기에 교회에서는 오르간을 사용하지 않았습니다. 나중에서야 사용했습니다. 중세에 이르자 그리스도인들은 주변의 비기독교 문화와 차별화를 두는 데 더는 신경 쓸 필요가 없었습니다. 사회와 문화 자체가 완전히 기독교화되었기 때문이었습니다. 이것이 기독교 국가의 출현이라고, 제가 앞서 말했던 것을 기억하시기 바랍니다. 결과적으로, 불길한 이교도와의 연합을 낳는 악기 사용에 대해 더는 염려하지 않게 되었습니다. 문화 자체가 더 이상 이교적이지 않았기 때문이었습니다.

중세 시대에는 오르간이 건반 악기로서 한 번에 다양한 음을 낼 수 있고 단일 악기로서 음량도 커서 특히 좋다고 생각했습니다. 그리고 오르간은 기독교 예배에 어울리는 깊은 소리를 냈습니다. 두 번째, 중세 초기에 사람들은 음악 소리에 대해 알기 시작했고, 말소리와 완전한 노래 사이 중간쯤에 해당하는 찬트(chant)를 갖게 되었습니다.

찬트에 익숙하다면 잘 알 것입니다. 그것은 말과 노래 사이 중간에 위치합니다. 당시에 예배에서 찬트는 아마 새로운 게 아니었을 것입니다. 중세 초기에 새로운 것이라면, 지금까지 보존되도록 마침내 악보에 적기 시작했다는 점입니다. 그래서 우리는 찬트가 어떠했는지 적절하게 감을 잡을 수 있습니다. 고대 로마 찬트(old Roman chant)를 들어보시기 바랍니다. 이것은 잘 알려진 그레고리안 찬트는 아니며, 그레고리안 찬트는 조금 다릅니다. 이것은 평행 트랙에 따라 전개되는 '구 로만 찬트(old Roman chant)'입니다. 평행 트랙으로 전개되는 다른 형식의 록 음악을 상상해 보시기 바랍니다. 이런 식의 평행 트랙으로 연주되는 다른 종류의 찬트가 있습니다.

예들 들면, 시편에서 가져온 "오늘은 주님이 지으신 날입니다"라는 가사가 있는 챤트가 있는데, 이 전체 문장을 발음하는 데 얼마나 오래 걸리는지 주목하길 바랍니다. "오늘은 주님이 지으신 날입니다"는 라틴어로 "헥 디에스, 쿰 파시트 도미누스(Hec Dies, quam facit Dominus)"입니다. 이 문장 전체를 찬트로 완전히 부르는 데 거의 1분이 걸립니다. 정확히 51초가 걸립니다. 라틴어 '도미누스'는 '주님'을 뜻합니다. 이 마지막 단어를 부를 때 아주 길게 시간을 끕니다. 의아하겠지만 단어들의 순서가 특이합니다. 사실, 라틴어는 단어 순서가 엄격하지 않아서, 처음에는 문장의 주어가 오지만 그다음에는 목적어와 동사 또는 주어, 동사, 목적어 순서로 옵니다. 그러나 라틴어에서 말끝에 오는 명사나 동사는 문장에서 중요 역할을 합니다. 다만 한 구절을 부르는 데 족히 1분 가까이 걸렸다는 점이 중요합니다. 이는 고대 로마 찬트는 리듬 중심의 음악 형식이 아니어서 명확한 박자가 없다는 것입니다. 대신에 멜로디 중심입니다. 가수가 단어의 한 음절을 붙잡고 멜로디 내에서 목소리의 변화를 주는 능력이 있어야 아름답게 들렸습니다.

설교에서는 어떤 일이 일어났을까요? 교회 밖에서 보통 사람들이 일상적으로 쓰는 말이 변함으로 인해 언어에 있어 문제가 점점 커졌습니다. 언어는 발전하며, 결코 고정되어 있지 않습니다. 그러나 당시에 일반적으로 퍼진 보수성 때문에 예배 언어를 바꾸는 것에 저항이 있었습니다. 이런 현상은 동방 기독교 국가나 서방 기독교 국가 양쪽 모두에 해당했는데, 특히 서방 기독교 국가들, 즉 서유럽에서 강했습니다. 서유럽에서, 현대어가 된 프랑스어, 이탈리아어, 스페인어 같은 언어들이 나옵니다. 그러나 예배 언어는 여전히 라틴어였습니다. 점점 더 많은 사람들이 이해하지 못했는데도 말입니다. 이 말은 예배 중 설교 때 읽는 성경 말씀과 기도를 사람들이 더는 이해하지 못하게 되었음을 의미합니다.

그 시대에 로마서를 낭독하는 소리를 여러분이 듣고 있다고 상상해 보시면, 말소리는 듣지만 그게 무슨 뜻인지는 이해하지 못합니다. 이 주제에 대해서는 종교 개혁을 말할 때 돌아와 다시 논의할 것입니다. 중세 초기는 설교에 있어서 대체로 좋은 시기가 아니었습니다. 실제로, 어떤 설교들은 이전 세기의 설교를 기계적으로 번역한 것에 불과했습니다. 목사들 모두에게 스스로 설교를 작성하도록 기대하지는 않았습니다. 시도는 있었습니다. 때때로 식견 있는 감독들이, 또는 왕이나 황제 같은 세속의 권세자들이 주도해 교회 목사들, 성직자들을 교육시켜서 그들 스스로 성경을 다룰 능력을 갖추게 하려고 했습니다. 그러나 대체로, 결과는 일관적이지 못했습니다. 이 시기의 설교는 대체적으로 강력하지 못했습니다.

기도에 대해서 말하자면, 미리 준비하지 않고 즉석에서 하는 기도는 완전히 사라졌습니다. 이 말은 교회에서 하는 기도는 모두 기도문을 읽는 것이 되었습니다. 다시 말해, 모든 기도는 미리 작성된 것들이었습니다. 그 결과 중세 초기는 첫 기도집 구성에 있어서 중요한 시기가 됩니다. 그리고 실제로 기도집이 그리고 교회마다 이와 함께 수반되는 의식 절차, 특정한 기도 방식, 성경 낭독 체계가 지역별로 예배가 구별되게 만드는 것이 되었습니다.

600년경에 11종의 예배 형식이 있었는데, 기독교 국가들이 잉글랜드에서부터 여기 프랑스를 거쳐 독일의 서부, 스페인, 이탈리아 반도, 북아프리카, 이집트, 그리고 에티오피아로 내려가고, 그리스와 마케도니아를 거쳐 여기 소아시아, 팔레스타인, 성지인 이스라엘, 시리아 서부로 확장되었습니다. 그리고 이 지도는 이란과 이라크, 파키스탄, 인도까지 동쪽으로 확장될 수 있습니다. 기독교가 동쪽에까지 전파되었습니다.

7세기 초에는 각기 다른 예배 의식의 종류가 최소한 11가지가 되었습니다. 교황과 로마와 연관된 로마식 예식은 로마에서 파견된 선교사들의 영향을 받은 잉글랜드의 아주 일부를 제외하고, 이탈리아 반도 전역에도 퍼지지 못했습니다. 이것은 이 시기에 로마의 영향력이 매우 중요했음에도 얼마나 제한적이었는지를 보여 줍니다.

이 시기가 오늘날 예배의 본질에 어떤 기여를 했을까요? 이 시기의 예배의 어떤 모습이 오늘날 예배에도 여전히 남아 있을까요? 우리의 형식에 상관없이 오늘날에도 남아 있는 중세 초기의 영향이 여러 가지 있습니다. 한 가지 중요한 기여는 악기 사용입니다. 한두 그룹을 예외로 하고. 그리스도인들은 중세 초기부터 회중 예배 때 음악을 위해 악기, 특히 오르간을 사용했습니다. 두 번째는 유아 세례가 중세 초기에 널리 퍼졌습니다. 4세기에서 5세기에 걸쳐 기독교가 공인된 직후에도 세례는 스스로 말할 수 있는 성인들에게 더 많이 행해졌습니다.

그러나 교회가 사회와 정치 영역과 결합하기 시작하면서 세례 예식에 변화가 있었고, 중세에 세례를 받는 사람들 중 유아의 수가 압도적으로 많아졌습니다. 한 가정과 한 사회 안에서 태어나면 그 사람은 동시에 교회 안에서 태어나는 것입니다. 저는 여러분이 다니는 교회 중에 유아 세례를 전혀 행하지 않는 교회들이 있다는 사실을 압니다. 그 까닭은 초기 5세기까지의 관습 때문이 아니라, 16세기 어떤 개신교도들 사이에서 생겨난 이유 때문입니다. 그 이야기는 뒤에 다룰 것입니다. 지금은 단지 중세 천 년 동안 행해진 세례의 대다수가 유아 세례였고, 그 관행이 다른 개신교도들과 로마 가톨릭교회로 이어졌다는 사실만 알아 두시기 바랍니다.

어린 아이들로 세례가 옮겨 갔다는 것은 예배에서 제자 육성 교육이 분리되었음을 의미합니다. 이전에는 세례를 주기 위해 사람들을 미리 엄격하게 준비시키는 기간이 있었습니다. 세례가 보통 유아들에게 행해지게 되면서 이 엄격한 준비 기간이 사라졌습니다. 이제 세례에서뿐 아니라 예배에서 이런 제자 육성교육의 분리가 지속되었습니다. 우리는 예배 때가 아닌 교회 생활의 다른 곳에서 제자 육성 교육이 생겨나기를 기대합니다. 이것이 오늘날 모두에게 적용되는 것은 아닙니다.

오늘날의 예배에서도 여전히 어떤 형태로든 제자 육성 교육이 일어나고 있기 때문입니다.

네 번째, 아마 여러분에게 놀라운 사실일 텐데, 교회에서 결혼식이 이루어지고 교회가 그 모든 행사를 진행하기 시작한 것은 중세 초기였습니다. 이전에는 성직자가 참석해서 축복하기는 했어도 결혼식은 예배당이 아닌 가정에서 치렀습니다. 결혼 자체는 세속의 또는 가정의 의례였습니다.

다섯째, 이 시기는 교회 예배가 사회에서 한 부분을 차지할 뿐이라는 견해에 결정적인 기여를 했습니다. 이 견해는 여러분이 길을 가다가 발견한 교회에서 예배가 드려지고 있을 때, 여러분이 그곳에 예배를 드리러 가면, 매우 환영 받을 수 있다는 생각입니다. 이런 사회 속의 예배에 대한 접근법과 가정은 기독교 국가들의 출현과 함께 중세 초기에 생겨났습니다.

마지막으로, 일반적인 예배자들이 조용해졌습니다. 이전에 기독교 예배에서 떠들썩하고 활동적이었던 일반 예배자들이 조용해지기 시작했습니다. 이것의 한 원인은 예배 언어와 거리가 생겼기 때문이며, 또 한 원인은 다음 500년 동안 지속되는데, 예배 지도자들과의 거리가 점점 더 벌어졌기 때문입니다. 예배자의 역할은 예배에 참석해 말하고 노래하는 게 아니라, 듣는 것이라는 인식이 생겼습니다.

이 시기에 발생한 문제들 중에 지금 우리에게도 관련이 있고 타당성이 있는 문제들이 여럿 있습니다.

첫째는 "예배 때 정부와 정부 관료들을 축복하고 지지하는 것을 통한 교회의 역할은 무엇인가?"입니다. 어떤 나라들에서는 여전히 명확한 분리가 원칙입니다. 그러나 많은 곳에서는 그렇지 않습니다. 그리스도인들이 정치, 경제적으로 안정되어 있고 교회와 국가가 분리되어 있다고 공식적으로 말하는 여기 미국에서도 교회들이 정부와 관리들을 예배 때 자유롭게 지지합니다. 미국에서 우리는 교회가 정부와 정부 관료 일에 적극적이라는 것을 가정합니다.

예를 들어 미국에서는 선거 때가 되면 선거 관계자들이 종종 교회로 찾아와 스스로 성공 가능한 후보자로 소개합니다. 미국의 어떤 교회들은 해마다 미국 독립기념일을 기념하는 특별 예배를 드리기도 합니다. 예배당에 미국 국기를 가져오기도 합니다. 이것은 현재도 타당하고 시의성 있는 문제입니다. 즉 정부와 정부 관료들을 축복하고 지지하는 예배와 교회의 역할은 어떤 모습이어야 할까요?

첫 번째 질문이 여러분 교회에는 해당하지 않는다 해도, 다음 질문은 적용될 것이라고 저는 확신합니다. 예배 언어에서 토착어는 얼마나 되어야 할까요? 예배에서 현재 사용되는 언어는 사람들의 일상어를 얼마나 반영해야 할까요? 이것은 오랜 예배의 역사에서 끊임없이 갈등의 원인이 되었습니다. 중세 초기 이후로 예배는 보수적인 성향이 있었습니다. 그 영역 중 하나가 언어였습니다. 그런데 우리가 일상에서 쓰는 언어는 교회에서 쓰는 언어보다 훨씬 빠르게 변합니다. 이런 현상을 잘 보여 주는 것이 영어권 개신교도들이 예배 때 자주 사용하는 성경 번역본들입니다.

17세기 초부터 1960년대까지는 예배 때 사용된 단일 성경 버전으로 킹 제임스(King James) 성경이 있었습니다. 17세기 초, 영어와 실제 사람들이 사용하는 영어 수준에 약간의 차이가 있었습니다. 그러나 시간이 흐르면서 성경의 영어, 따라서 예배 때 쓰는 영어와 실제 사람들이 쓰는 영어 사이의 차이가 점점 더 커졌습니다. 이것은 일례에 불과합니다. 다른 것들도 지적할 수 있습니다. 사실 이런 차이는 시간이 흐르면서 거듭 발생합니다. 이는 성경 번역본, 따라서 예배 언어의 자연스런 보수성 때문입니다. 그래서 때때로 그리스도인들은 실제 사람늘의 말에 더 가까워지기 위해서 예배 언어를 최신 것으로 갱신해야 하는지 의문을 갖습니다. 어쨌든, 그것이 바로 중요한 질문들입니다.

제 5 장

11세기에서 15세기

제5장
11세기에서 15세기

　이번 장에서는 11세기부터 15세기까지, 즉 중세 후기를 살펴볼 계획입니다. 2000년의 역사를 500년 단위로 잘라서 보고 있다는 것을 기억하시기 바랍니다. 우리는 지금 세 번째 500년, 즉 학자들이 중세 후기, 때로는 '스콜라철학 시기(Scholastic period)'라고 부르는 시기를 볼 것입니다. 이 두 번째 이름은 대학 교육을 받은 신학자들이 탁월한 '스콜라(학자)들'로 떠오른 것에서 유래합니다. 그래서 '스콜라철학 시기'라 불립니다.

　이 시기 예배의 특징을 묘사한다면, 저는 '멀지만 효과적인 망치'라고 하고 싶습니다. 세 단어를 하나씩 설명하겠습니다. '망치'라는 단어를 먼저 살펴봅시다. 망치는 여러분이 잘 알듯이 손의 힘 또는 에너지를 중간에서 못이나 어떤 표면으로 전달해 주는 도구입니다. 이와 같이, 예배는 그 당시에 효과적인 도구로 여겨졌습니다. 즉 적임자가 적시에 올바른 의도로 행한 예배, 특히 하나님의 관점에서 예배가 성취해야 하는 바를 완수합니다. 따라서 올바르게 드려진 예배는 하나님께 영향을 미칩니다.

이것은 두 번째 단어 '효과적인'도 설명합니다. 조금 전에 말씀드렸듯이, 올바른 권위를 가진 적임자가 올바른 의도로 바르게 드린 예배는 실제적이고 효과적으로 하나님이 의도하신 예배를 완수합니다. 이 개념은 성찬을 다룰 때 다시 설명하겠습니다. 마지막으로 세 번째 단어 '먼'을 보겠습니다. '멀리 있는 망치'라는 어구에서 첫 번째 단어입니다. 이것은 예배의 주요 행위들이 사람들에게서 상당히 멀어진 것을 의미합니다. 성직자와 복사(조수), 때로는 오르간 연주자와 찬양대는 예배의 주요 행위들을 행했습니다. 일반 사람들은 사실상 주요 예배 행위에서 완전히 제외되었습니다. 이것에 대해서는, 좀 더 이해가 쉽도록 중세 후기의 예배 공간을 보여 드린 후, 잠시 뒤에 다시 살펴보겠습니다.

세 번째 500년의 기간인 중세 후기의 예배, 즉 멀지만 효과적인 망치와 같았던 예배는 어떠했을까요? 무엇이 변했을까요? 그리고 왜 그렇게 변했을까요? 이 시기의 변화를 저는 "정제 단계(trajectory of refinement)"라고 정의하겠습니다. 앞선 천 년 동안, 특히 중세 전반기에 일어난 변화를 기억한다면, 이 중세 후반기에는 정제되어가는 과정을 보게 될 것입니다.

이것은 흡사 쏘아 올린 로켓과 같습니다. 로켓은 90도로 급격히 꺾이지 않습니다. 로켓은 궤도를 따라갑니다. 바로 그것을 우리는 중세 후기에 보게 됩니다. 완전히 새로운 것이 아니라 일종의 이전 것의 논리적 결과물입니다. 그 첫 번째 것은 이미 제가 언급했습니다. 즉, 사람들이 예배의 중요한 의식에서 점점 멀어집니다. 다르게 표현하면, 일반 예배자들이 예배 때 점점 덜 행동하고 점점 덜 말하며 덜 노래하게 됩니다.

자신의 기도를 가지고서 교회에, 성인들이 묻힌 예배당에 왔던 예배자들이 하나님을 경배하고 찬양하는 주 행위에 참여하지 않고, 성직자와 찬양대들만 관여하게 되었습니다. 이런 수동성은 이전 500년의 시기에 시작되었습니다. 그때 사람들의 일상 언어와 더욱 보수적이 되어가는 예배 언어 사이의 차이가 커져가는 문제가 있었다고 제가 언급한 것을 기억하실 것입니다. 중세 후기에 이르러서는 그 차이가 더욱 분명해져서, 대부분의 사람들이 예배 언어를 듣고도 이해하지 못했습니다.

또한 예배를 어떤 식으로 행해야 하는지를 다루는 방법이 점점 더 정밀해졌습니다. 대학 교육을 받은 신학자와 사상가들이 생겨났으니 이것은 자연스런 현상이었습니다. 그들은 교회에서 드리는 예배를 포함해 신학적 문제들에 관하여 수준을 더 높이려는 경향이 있었습니다. 처음 1000년의 기간이 예배의 '내용'(예배 때 우리가 경험하는 것)을 강조했다면, 중세 후기에 이르러 신학자들은 예배에서 그리스도인들이 그것을 어떻게 경험하는가에 공을 들였습니다.

이처럼 '방법'의 정확성을 강조하는 경향이 '효과적인 망치로서의 예배'라는 개념과 함께 갔습니다. 엔지니어라면 망치가 어떻게 기능하는지 설명할 수 있을 것입니다. 특별히 물리학자라면 망치가 당신의 손에서부터 어떻게 다른 물체로 에너지를 전달하는지 설명할 수 있을 것입니다. 같은 식으로 중세 후기의 신학자들은 일종의 신학적 기술자들이었습니다. 그들은 예배가 어떻게 작용하고, 무엇이 예배를 기능하게 만드는지 상세히 설명할 수 있었습니다.

세 번째, 심지어 성찬에서까지 시각적인 면을 강조하는 현상을 보게 됩니다. 이전의 예배가 예배 중 듣는 귀와 말하고 찬양하는 입을 포함해 일반 예배자들의 모든 감각을 끌어들였다면, 중세 후기에는 예배자의 눈에 거의 모든 역점을 둡니다. 예배자들이 본 것은 무엇이었을까요? 시각의 강조는 성찬에도 적용되어 실제로 빵과 포도주를 먹는 경우가 점점 줄어들었습니다. 성찬식의 음식이 예배자들이 바라보는 대상이 되었습니다.

네 번째 변화는, 성찬식에 매우 집중했다는 점입니다. 성찬식은 초기 1000년 동안 기독교 예배의 중심적인 예식이기는 했지만, 중세 후기에 와서는 성체 자체를 중요한 것으로 강조한 나머지, 그리스도인들이 성찬식에만 늦지 않으면 예배에 늦게 나타나도 괜찮을 정도였습니다.

다섯 번째, 이른바 '요람에서 무덤까지'라는 성례 체계가 있었습니다. 이 체계는 일종의 개선이었습니다. 이 성례들이 현재 새로운 예배 의식들은 아닙니다. 이전부터 행해 오던 의식들로 그리스도인들을 출생부터 죽음까지 섬기는 체계로 조직되었습니다.

이 체계는 구체적인 성례 목록이 있었습니다. 그리스도인을 출생부터(세례) 죽음까지('종부성사' 또는 '도유') 계속 돌보는 7개의 성사(聖事) 체계입니다. 사람이 평생 사는 동안 '성례'라고 부르는 특별한 예식들이 있습니다. 그중에서 그리스도인이 하나님께로 가는 여정을 돌보기 위한 7개의 예식들이 중세 후기에 정립되었습니다. 이 성례 목록을 규정한 것이 역사적으로 이 시기에 이룬 발전 중의 하나입니다. 초기 1000년 동안 행해진 구체적인 성례 목록이 있습니다. 놀랍게도 "이것은 성례지만 저것은 아니다. 또는 이것은 예식이지만 저것은 아니다."라고 말하는 사람은 없었습니다. 그러나 중세 후기 대학 교육을 받은 신학자들이 출현하고 교회의 예배에 대한 신학적 성찰이 정제되면서 일종의 성례 목록이 정리되기 시작했습니다. 이 500년의 시기가 끝날 즈음 교회는 7가지 성례의 목록을 확실히 정리했습니다.

마지막으로, 이 500년의 기간 동안 멋지고 장엄한 예배 공간과 그에 알맞은 음악을 갖추기 시작합니다. 이전 시기에 오르간이 도입되고 찬양대가 있었다는 사실을 기억하시기 바랍니다. 이 기간 동안 건축 공간과 음악 수준이 훨씬 높고 아름답게 향상되었습니다. 건축 기술이 발전해 예배당 벽을 높이고 창문 크기도 늘릴 수 있게 되었습니다. 이것은 외부에 부벽을 설치함으로써 가능해졌습니다. 이러한 건축 양식을 '고딕 양식'이라고 합니다. 고딕 양식이 중세 후기의 지배적인 건축 양식이 되고, 오늘날까지도 영향을 미칩니다.

중세 후기에 7가지 변화가 일어납니다. 왜 그런 변화가 생겼을까요? 먼저, 중세 후기가 되자 교회와 사회의 융합이 완성되기 위한 충분한 시간이 흘렀습니다. 이것은 어떤 면에서는 이 기독교 사회 속에서 태어난 사람은 누구나 그리스도인이라는 것을 의미합니다. 따라서 교회에 부자나 정부 관료들에게서 끌어올 수 있는 상당한 자원과 부가 있었습니다. 그리고 예배와 교회 생활이 문화의 모든 영역과 결합한 종합적인 시스템 내에 자리 잡았습니다.

두 번째, 이미 언급한 이야기지만, 점점 더 높은 수준의 대학 교육을 받은 신학자들이 있었습니다. 각 세대의 신학자들은 앞선 선배들의 성찰 위에 쌓아 올렸습니다. 나중 세대의 학자들은 전 세대의 글들을 읽고 정제해나갔습니다.

마지막으로, 기술적 진보로 인해 훨씬 큰 규모의 새 예배당 건축이 가능해졌습니다. 이전에는 외벽이 지붕의 무게를 견디지 못해 지붕과 천장을 높이거나 창문을 크게 만드는 데 제한이 있었습니다. 그러나 건물 바깥에 설치하는 벽 지지대(즉, 부벽)와 같은 정교한 건축술이 발달한 덕에, 중세 후기에는 예배당의 높이를 높이고 창문 크기를 키울 수 있었습니다. 그리고 빛을 투과시키는 넓은 스테인드글라스를 사용했습니다.

제가 이 시대의 예배를 '멀지만 효과적인 망치'라고 규정한 것을 기억하시기 바랍니다. 사람들은 예배의 주 활동이 이루어지는 곳에서 멀리 있었고, 예배는 마치 망치가 작용하듯 도구와 같은 것으로 이해되었습니다. 효과적인 도구와 마찬가지로 올바른 권위와 올바른 의도를 지닌 적임자가 예배의 목적을 완성합니다.

그 예를 들겠습니다. 성찬식에서 성직자와 복사(사제의 조수)는 성찬을 행하면서, 성직자인 사제가 최후의 만찬 때 성찬 제정의 말씀을 반복합니다. 예수님이 하신 말씀은 "이것은 너희를 위해 찢어서 내준 내 몸이다."였습니다. 이 순간 사제는 성체(성찬의 빵)를 들어 올렸을 것입니다.

이때 그들은 더 이상 빵 한 덩이 전체를 사용하지 않았다는 사실에 주목할 필요가 있습니다. 대략 손바닥 크기만 한, 누룩을 넣지 않은 과자를 사용했습니다. 일반 성도들에게 보이지는 않겠지만 사제가 "이것은 내 몸이다" 하고 말하면서 종을 울렸을 것입니다. 종소리에 사람들은 고개를 들어 볼 때임을 알았지요. '효과적인 망치'의 개념을 기억하시기 바랍니다. 성찬식에 집중한 사람들은 바른 권위를 가진 사제가 바른 일을 행할 때, 즉 올바른 말(성찬 제정의 말)을 할 때, 그 빵이 예수 그리스도의 몸으로 변한다고 생각했습니다. 따라서 사람들은 빵 속에 존재하심으로 그들과 함께 계시는 예수 그리스도를 눈을 들어 보고 경배할 수 있었습니다.

사제 왼쪽에 있는 조수 또는 복사는 부채를 들고 성체에 벌레가 앉지 못하게 부채질을 하곤 했습니다. 예배가 거의 끝나 사제가 뒤쪽에 있는 사람들을 향해 말을 다 마쳤을 것입니다. 회중의 시각에서 무엇이 보였을지 설명하겠습니다. 이것이 회중이 예배 때 볼 수 있는 거의 전부였을 것입니다.

많은 예배당에서 극소수를 제외한 대부분의 사람들의 시각적 접근이 얼마나 제한되었을지 설명하겠습니다. 성직자가 '성체'라 불리는 축성된 빵을 들고 있습니다. 성직자는 "이것은 나의 몸이다"라고 말합니다. 그때 종이 울렸을 것입니다. 복사가 오른 손에 들고 있던 종을 울리면 사람들은 주목하여 올려다보고 경배하며, 그들 중에 계시는 예수 그리스도를 예배할 때임을 알았습니다.

이 시기에 예배를 위한 건축 무대는 상당히 중요했습니다. 그 이야기를 해보겠습니다. 중세의 대표적인 성당이 영국 런던에 있는 성 베드로 성당입니다. 건물 끝 쪽에 외부 부벽이 있고, 부벽 덕에 건물 지붕을 아주 높이 올릴 수 있었습니다. 이쪽의 통로 또는 측벽도 주벽에 대해 그와 비슷한 지지대 역할을 합니다. 이런 건물 안에 있으면 어땠을까요? 먼저, 주 제단 또는 성찬대 자리를 벽 쪽으로 밀었습니다. 제단을 공간 저 끝에 놓았습니다. 여러분은 이렇게 생각할지도 모릅니다. "음, 그리 나쁘지 않군. 사람들이 너무 많아서 내가 저 뒤, 끝에 있어야 하지 않는 한 말이야."

불행히도 이 넓은 성당에서 성찬대 또는 제단에 가까운 공간은 평신도들에게는 차단되었습니다. 이 탑 왼쪽 공간이 일반 신도들의 공간입니다. 이 재건된 건물을 보면 그때 예배당이 어떤 모습이었을지, 일반적으로 예배 때 무엇을 보았을지 알 수 있습니다. 오른쪽은 긴 공간의 중앙입니다. 예배 공간 중앙에서 저 끝을 바라봅니다. 성찬대(제단)는 저 멀리 있는 창 아래에 있었습니다. 여러분이 여기서 예배드리는 예배자라고 상상해 보시기 바랍니다. 무엇이 있든 보기가 어려웠을 것입니다. 제단 쪽에서 무슨 일이 벌어지는지 알기 위해서 종이 울리기만을 기다렸다가 그쪽으로 눈을 돌렸을 것입니다.

과거로 돌아가 그 공간에 있는 게 어떠했을지 생각해보겠습니다. 칸막이에서부터 입구까지 이 공간은 아주 많은 사람을 수용할 수 있지만, 신도들은 무엇인가를 진행하는 공간에 가까이 접근할 수 없었습니다. 예배의 주 활동은 칸막이 저쪽에서 행해졌습니다. 칸막이에 가려면 심지어 계단을 올라가야 했습니다. 문도 있었습니다. 음악가들은 칸막이의 다른 쪽에 있어야 했고, 성직자들은 저 끝에 있었습니다.

이보다 크기가 작은 건물이라 하더라도 이처럼 길고 좁은 공간으로 지은 것을 볼 수 있습니다. 런던에서 그리 멀지 않은 옥스퍼드 외곽의 작은 교구를 생각해보겠습니다. 일반 사람들은 끝으로 들어오고, 성찬대(제단)는 역시 건물 끝에 있습니다. 중세에는 칸막이가 있었고, 좀 더 가까운 곳이 일반 사람들의 공간이었습니다. 이처럼 상대적으로 작은 건물에서도 예배의 주 활동이 이루어지는 공간은 일반 사람들과 멀리 있었다는 것을 말씀드립니다. 예배가 드려지는 동안 사제는 사람들에게 등을 보이고 있었습니다.

이제 대표적인 문장 한두 개를 소개하겠습니다. 사제의 결정적인 말을 들을 수 있도록 첫 번째 문장을 읽어 드리겠습니다.

"Qui pridie quam pateretur, accepit panem in sanctas ac venerabiles manus suas, et elevates oculis in coelom ad te Deum Patrem suum omnipotentem tibi gratias agens, benedixit, fregit, diditque discipulis suis, dicens: Accipite, et manducate ex hoc omnes, HOC EST ENIM Corpus Meum."

이 언어는 중세 서양의 예배 때 쓰인 라틴어입니다. 여기는 목사 또는 사제가 성찬의 빵을 축성하는 부분입니다. 라틴어로, 예수 그리스도께서 신성하고 존귀한 손으로 빵을 들고서 하늘로 눈을 들어 "전능하신 하나님 아버지께 감사합니다."고 말씀하신다는 뜻입니다. 그리고 성체를 축성하고 빵을 뗍니다. 그러고 나서 제자들에게 말씀합니다. "모두 이것을 들고 먹어라. 이것은 나의 몸이니라(HOC EST ENIM CORPUS MEUM.)." 'Hoc est enim corpus meum'은 "이것은 나의 몸이다."라는 뜻입니다. 이 말을 할 때가, 망치에 적용된 에너지가 빵으로 전달되는 중요한 순간입니다. 중세의 신학자들은, 이 말을 하는 바로 그 순간에 하나님께 효과적인 제사를 드린다고 믿었습니다. 그 순간에 종이 울리고, 사람들은 돌아보며 예배에 주목했습니다.

저는 또한 대학 교육을 받은 신학자 중 토마스 아퀴나스(Thomas Aquinas)의 글을 인용하고 싶습니다. 예배에 대한 그의 설명이 얼마나 도움이 되는지 알려드리고 싶습니다. 여기 그가 제시한 문제가 있습니다. 그의 주요 작품, "신학 대전(Summa Theologica)"은 문제와 답에 관한 글이기도 합니다. 문제를 제기한 다음 답변을 제시했습니다. 다음 단락은 성례에 은혜를 불러오는 능력이 있는가에 대해 의문을 제기합니다. '성례가 은혜를 불어올 수 있을까?'라고 문제를 제기하는 탁월한 감각에 주목해 보십시오. 그가 내놓은 대답은 이렇습니다. "나의 대답은 이렇습니다. 즉 성례가 은혜의 도구라고 생각한다면, 우리는 성례에 그 효과를 일으키는 어떤 중요한 능력이 있음을 인정해야 합니다." 제 말로 다시 설명하면 이렇습니다. 즉 성례는 효과적인 망치이므로 그것을 행하는 사람들의 영혼과 만족스러운 제사로 받아들이는 하나님의 마음과 영 안에서 무언가를 완성합니다. 성례는 그를 통해 예배자들이 의도한 일을 완수합니다.

효과적인 인과 관계에 대한 감각이 얼마나 철저한지를 보여 주는 또 하나의 사진이 있습니다. 영국에 있는 솔즈베리 대성당(Salisbury Cathedral)을 소개합니다. 이곳에는 찬트리 채플(Chantry chapel)이 있는데, 이 채플을 짓도록 돈을 남긴 한 부유한 부부가 있었습니다. 그들은 또한 매일 하루에 한 번씩 그곳에 가서 그들 부부를 위해 성찬식(미사)을 드려 달라고 한 사제에게 돈을 남겼습니다. 그들을 위해 미사를 드릴 때마다 그들이 사후 연옥에서 보내야 하는 시간이 줄어든다는 믿음 때문이었습니다.

연옥은 사람들이 죽은 뒤에 가는 천국과 지옥 사이에 있는 중간 지대라고 여겨졌습니다. 그래서 그 부부는 자신들을 위한 미사에 돈을 지불함으로써 천국에 가기 전에 지내야 하는 중간 지대에서의 시간을 효과적으로 줄일 수 있다고 생각했습니다. 이것이 은혜를 불러오는 효과적인 수단으로서의 성례의 또 다른 예입니다.

음악과 설교, 기도에 대해 살펴보겠습니다. 먼저 음악에 대해 이야기해보겠습니다. 이 시기에 예배 음악에는 양 극단이 있었습니다. 조금 전에 언급했던, 기부금을 받아 세운 예배당에서의 미사 같은 때에는 음악 없이 예배를 드렸습니다. 그런 작은 예배당에는 사제와 복사를 위한 공간 하나만 존재했습니다. 그것이 음악이 전혀 없는 예배 또는 미사의 유일한 예입니다. 그러나 이 시대에는 다양한 성직자들과 찬양대, 오르간 음악과 함께 드리는 예배도 있었습니다. 작곡가들이 예배의 표준 본문을 위해 다성악(polyphonic)을 작곡하기 시작했습니다. 매우 아름다운 곡들이었으며, 그 아름다운 곡들 중에 중세 후기에서도 후반부에 활동했던 팔레스트리나(Palestrina)의 곡들이 있었습니다.

그의 음악을 여러분이 인터넷에서 찾아 들어 보기를 권합니다. 팔레스트리나를 찾아보고, 라틴어로 'Missa Papae Marcelli'라는 제목의 곡을 찾아보시기 바랍니다. 그것은 "교황 마르첼로의 미사"라는 뜻입니다.

두 번째로 회중의 찬양을 살펴보겠습니다. 회중이 노래를 하는 경우가 있다면 그것은 예배 밖의 경우였습니다. 다시 말하지만 회중의 찬양이 없어진 것 또한 예배가 사람들과 멀어진 현상의 일부였습니다.

설교는 어땠을까요? 무슨 일이 일어났을까요? 중세 초기부터 시작된 설교의 관례들이 계속되었습니다. 우선, 예배 언어에 문제가 있었으니 성경 낭독조차 일반 대중의 언어가 아니었습니다. 결과적으로 사람들은 이해할 수 있는 언어로 성경을 들을 수조차 없게 되었습니다. 낭독하는 성경 말씀을 들어도 그것이 무슨 뜻인지 이해할 수 없었습니다. 게다가 설교의 질과 설교 자체의 존재 여부도 지역에 따라 달랐습니다. 예배자들은 꽤 오랜 기간 주일이면 교회에 갔어도 설교를 전혀 듣지 못했습니다.

비록 설교를 듣는다 해도, 그것은 낭독한 성경 구절과는 전혀 상관없는 바른 생활에 대한 도덕적 책망이었을 것입니다. 결과적으로, 성령님이 적극적인 설교를 하도록 특별한 소명 의식으로 자신을 준비한 성직자들을 일으키게 된 것 같습니다. 그런 설교가 때로는 예배 중에 있었지만, 또 종종 예배 시간 외에 발생하기도 했다는 데서 어려움이 있었습니다.

마지막으로, 예배 중 또는 예배 때와 상관없이 성경 이야기를 극화하는 것이 중세 후기에 발전했습니다. 이 극화의 한 예가 성경 속 이야기들을 스테인드글라스에 시각화한 것입니다. 또한 교회력의 주요 축일들에 특정한 사건들을 극화해 놓었을 뿐만 아니라 예배 밖에서 성경의 사건들을 연극으로 공연하는 일이 점점 많아졌습니다.

이제 기도를 살펴보겠습니다. 미리 준비하지 않고 즉흥적으로 기도하는 능력은 완전히 사라졌습니다. 예배 때 기도는 읽는 것이 되었습니다. 이 기도문들을 모아 체계적으로 정리했습니다. 기도 모음집은 지역에 따라 달랐습니다. 일부 사람들 가운데서 예배가 어디서건 똑같아지기를 바라는 갈망이 커졌습니다. 그 결과 중세 후기부터 로마식 예배가 유럽의 더 많은 곳으로 영향을 미치게 되었습니다. 아이러니하게도, 로마식 예배를 드리고자 하는 이런 갈망이 있기 전 다른 지역들에서는 이미 로마식의 예배를 버렸다는 사실입니다.

그렇다면 이 시기가 오늘날 예배의 본질에 어떻게 기여했을까요?

여러분은 중세 후기 세계가 굉장히 낯선 이질적인 세계라고 생각할지도 모르겠습니다. 중세 후기의 예배가 오늘날의 예배 모습에 영향을 주는 것이 가능한지 의아해할지도 모르겠습니다.

첫째는 예수 그리스도의 죽음을 크게 강조하는 부분입니다. 처음 1000년, 특히 처음 500년까지 예배는 예수 그리스도의 부활에 집중했는데, 중세 후기에 이르러 초점이, 아마 예수 그리스도의 부활 이상으로 죽음으로 옮겨갔습니다. 이런 초점의 변화로 인해서 참회하는 접근법으로 예배하는 경향이 매우 강해졌습니다. 사람들은 예수님의 죽음에 집중했으므로 특히 성찬식 때는 매우 슬프고 참회하는 마음으로 예배에 임했습니다. 사실상 예배에 원래 있었던 축하의 개념은 사라졌고, 현재 사람들은 깊은 경외 그리고 떨림과 두려움으로 성찬에 접근하고 있습니다.

둘째, 성경 속 이야기를 문자적으로 극화하는 경향이 있었습니다. 중세 후기 때 성만찬에 어떻게 접근했는지 알 수 있을 것입니다. 성찬식이 어떻게 은혜의 효과적인 도구가 되는지에 관한 공식적이고 신학적인 설명을 넘어서, 일반 대중은 문자적으로 생각하기 시작했습니다. 따라서 축성된 빵에 관한 전설들이 생겨났는데, 그중에 축성된 빵을 자를 때 피가 흐른다는 내용도 있었습니다. 신학자들이 그런 종류의 전설을 가르치지 않았음에도 일반 대중은 종종 그런 이야기들이 말 그대로 일어난 일이라 믿었습니다. 성찬식 외에도, 성경에 묘사된 이야기를 글자 그대로 극화하는 경향은 오늘날의 예배에 영향을 미쳤습니다. 성탄절에 행하는 성극에 익숙할 것입니다. 그것이 그 한 예입니다. 예를 들어, 제가 속한 미국의 감리교 교회에서는 성탄절에 어린이들이 예수님의 탄생을 재연하곤 합니다. 이런 극화는 중세 후기에 시작되었습니다.

셋째, 또 하나의 영향은 성찬을 받는 일이 드물어졌다는 것입니다. 중세 후기에 이르러 일반 예배자들은 어쩌면 1년에 한 번, 많으면 3개월에 한 번 정도 성찬을 받았습니다. 성찬의 강조점이 오감 전체에서 시각으로 옮겨갔다는 사실을 기억하시기 바랍니다. 성찬식에서조차 강조점이 입에서 눈으로 옮겨갔습니다. 그리고 이런 현상은 예배자가 보는 것을 통해 하나님의 임재를 느끼는 감각과 연결되어 아름다운 예배당 건물 자체에도 적용되었습니다. 중세 후기의 건축 양식이 계속됩니다.

제가 가르치고 있는 미국 듀크 대학교 내 예배당을 소개합니다. 이 공간은 20세기, 1930년대 초에 지은 것입니다. 많은 사람들이 기독교 예배 공간은 이런 중세 후기의 고딕 건물 같을 것이라고 생각할 것입니다. 규모가 작은 건물일지라도 여전히 많은 사람들이 예배당은 이와 같을 것이라고 생각합니다. 실제로 어떤 사람들은 중세 후기의 건축물이 예배당으로 최고의 건물이라고, 심지어는 유일하게 타당한 예배당의 모습이라고 믿습니다.

이 인용문은 19세기에 이 건물을 본 한 건축가의 글에서 발췌했습니다. 그의 이름은 퍼긴(Pugin)입니다. 여기서 그는 개신교 교회의 건축물을 전반적으로 평가하는데, 그 건축물들을 전혀 좋아하지 않습니다. 그는 종교 개혁 이후 3세기 동안의 건축물을 중세 시대에 지어진 건축물들과 비교합니다. 그리고 다음과 같이 주장합니다. "후자(중세의 건축물들을 의미함)의 경이로움과 우월성은 분명 주의 깊은 관찰자 모두에게 감동을 줄 것입니다. 우리는 오직 중세 건축물을 통해서만 기독교 신앙을 발견하고, 기독교 예배가 설명됩니다." 그래서 이 영향력 있는 그리스도인은 자신의 영향력 있는 책에서 기독교 예배 공간을 지으려면 "중세 후기의 건축 양식을 따라야 한다."고 주장했습니다.

중세 후반기에 제기된 중요한 질문들은 무엇인가요?

하나는, 공간의 문제와 관련 있습니다. 즉, 기독교 예배에서 아름다움의 역할은 무엇일까요? 아름다움 속에서 예수 그리스도 또는 하나님이 발견될까요? 아니면 하나님은 단순함 속에서 찾아야 할까요? 다른 식으로 물을 수도 있습니다. 하나님의 임재를 가장 잘 전달할 수 있는 예배 방식은 무엇일까요? 장엄하고 아름다워야 할까요? 아니면 단순하고 간단해야 할까요? 예수 그리스도 안에서 이런 갈등이 발견되지 않습니까?

이사야 선지자에 따르면 예수 그리스도는 눈길을 끌 만한 아름다움도 단정함도 없는 분입니다. 그분은 소박한 곳에서 살았던 소박한 목수셨습니다. 그러나 요한계시록에 묘사된 예수 그리스도는 위엄 있고 눈부시게 아름다운 분이시기도 합니다. 그렇다면 과연 어느 쪽일까요. 소박한 목수이신 예수님, 아니면 위풍당당한 전사? 아니면 둘 다일까요? 예배에서도 이것은 반복되는 갈등입니다. 하나님은 아름다움 속에서 발견될까요, 아니면 단순함 속에서 발견될까요?

마지막으로 저는 예배에서 어떤 것이 그 자체로는 좋은 것임에도, 그것을 사용하는 특정한 방법에서 문제가 될 가능성이 있는지 묻고 싶습니다. 여러분이 중세의 예배에서 좋은 점을 찾기 힘들지도 모르겠다고 생각하기 때문입니다. 그러나 사실, 중세의 예배에도 좋은 점들이 있습니다. 당시의 예배를 들여다보면 꽤 많이 하나님을 찬양합니다. 특히 하나님이 예수 그리스도 안에서 완성하신 일을 찬양합니다. 그 내용이 상당히 풍부하고 탄탄하며 정통적입니다. 문제가 있다면 그 내용을 중세 사람들이 찬양하는 특정 방식에 있었습니다.

그들은 사람들이 이해할 수 있는 언어로 예배하지 않았습니다. 효과적인 망치로서의 예배에서 강력한 객관적 감각으로 듣는 것은 빼고 보는 것만 강조함으로써 복음서를 들어야 할 필요성을 없애 버렸습니다. 다시 말하면, 올바른 방식으로 예배를 드렸다면 하나님으로부터 은혜를 일으킬 수 있었을 것입니다. 이것은 그들의 예배 내용 자체가 잘못되었다는 뜻이 아닙니다. 제가 잘못되었다고 말하고 싶은 것은 그것을 사용한 특정한 방식입니다. 이것은 지금도 관련 있는 문제입니다. 오늘날 예배에서 무엇인가를 보고서 "음, 이것은 좋다"고 말할 수 있습니다. 그러나 그것을 실제 사용하는 방법을 보면 그것에 문제가 있을 수도 있습니다.

제 6 장

16세기에서 17세기

제6장
16세기에서 17세기

제 6장, 16, 17세기를 살펴보겠습니다. 오늘날의 예배에 이르기까지 기독교 예배의 역사, 여정을 밟아가고 있습니다. 16세기는 종교 개혁이 일어난 시기이므로, 이번 장은 프로테스탄트, 즉 개신교인들에게 특히 중요합니다. 이때 개신교인들과 개신교 예배의 전통이 존재하게 되었습니다. 이것에 대해 살펴볼 것입니다.

지난 두 장 동안 각기 500년씩 매우 폭넓은 시기를 다루었다고 생각하신다면, 이번 장은 조금 천천히 갈 것입니다. 남은 세 번의 장도 조금 천천히 갈 것인데, 종교 개혁 이후의 역사는 개신교 예배 형식의 다양성을 이해하기 위해 그 시기의 다양성을 고려해야 하기 때문입니다. 우리가 개신교인이라면 이 16, 17세기는 여러 가지 면에서 우리의 회중 예배 생활과 가장 관련성이 많은 역사적 시기입니다. 여러분도 아시겠지만 6장은 가장 최근의 500년 중 앞의 200년을 다룹니다.

사실, 우리는 개신교 예배의 역사를 다루면서 뿐만 현재도 이어지고 있는 로마 가톨릭도 고려해야 합니다. 이런 관점에서 지금도 성장하고 있는 동방 정교회에 관심을 기울여야 합니다. 동방 정교회는 예배의 측면에서는 현재까지 명시적인 큰 변화 없이 매우 고정된 양식을 유지하고 있습니다.

그러나 로마 가톨릭에서는 '트리엔트 공의회(post-Tridentine)' 이후와 '제2차 바티칸 공의회(post-Vatican 2)' 이후 사이의 시기를 구분 짓는 것이 중요합니다. 다시 말해, 최근 500년의 시기 중, 초기 로마 가톨릭 교인들에게 중요한 의미가 있는 트리엔트 공의회가 열렸습니다. 트리엔트 공의회는 로마 가톨릭교회의 보수성을 강화했습니다. 개신교 출현에 뒤이어 열렸으므로 일종의 복고적인 성격을 띠면서, 가톨릭을 당시 성장하고 있는 개신교 사상에서 멀리 떼어놓기 위해 무척 애를 썼습니다.

실제로, 트리엔트 공의회는 예배에 대한 개신교의 다양한 접근법들을 맹렬히 비난했습니다. '제2차 바티칸 공의회'라는 두 번째 공의회가 열렸는데, 이 2차 바티칸 공의회는 최근 60년을 언급한다는 사실에 주의하시기 바랍니다. 1960년대에 열린 공의회였는데, 이 공의회는 8장에서 다루겠습니다. 가장 최근에 열린 이 공의회는 최근 60년에 걸쳐 가톨릭교회 예배에 급진적인 변화를 가져왔고, 그 변화들의 일부는 결국 개신교인들에게도 영향을 미쳤습니다. 여기서 너무 앞서 나가지는 않겠습니다. 이것들은 8장에서 다룰 내용입니다. 이번 장에서는 16, 17세기 200년에 초점을 맞춰서 초기 개신교, 그리고 보수적인 트리엔트 공의회 시대의 로마 가톨릭교회를 살펴보겠습니다.

여기서는 단지 개신교의 관점에서 200년간 예배의 특징을 살펴보겠습니다. 이전 강의를 기억하신다면 로마 가톨릭의 예배는 시각에 초점을 맞췄었다는 사실을 알 것입니다. 그러나 개신교인들은 강조점을 시각에서, 때로는 아주 상관없는 것을 볼 수 있는 청각으로 바꿨습니다. 사도 바울이 로마서에 쓴 서신에서 한 문장을 인용하면서 이 시기 예배의 특성을 규정하겠습니다. 사도 바울은 이렇게 말했습니다. "믿음은 들음에서 나고 들음은 하나님의 말씀에서 비롯된다." 이 구절은 당시의 변화를 매우 잘 보여 줍니다.

초기의 프로테스탄트, 즉 개신교 개혁가들은 예배 때 사람들이 들을 수 있기를 바랐습니다. 왜 그랬을까요? 복음을 들음으로써 진정한 믿음을 가진다는 신약 성경의 말씀을 충실히 읽고 믿었기 때문입니다. 따라서 그들은 강조점을, 우리가 중세 후기에 보았던 순전히 객관적이고 거리를 둔 예배 모델에서 일반 대중이 들음으로써 참여하는 능력을 강조하는 예배로 바꿨습니다.

그런데 중요한 것은 단지 듣는 것이 아니었습니다. '하나님의 말씀'을 듣는 게 중요했습니다. 우리는 이런 강조점을 개신교 예배의 새로운 형식에서 거듭 보게 될 것입니다. 즉 성경 읽기와 성경을 설교하는 것이 대단히 중요해집니다. 로마 가톨릭은 시각에 의한 예배를 더욱 강조합니다. 트리엔트 공의회에서 이 점을 강화했습니다. 가톨릭에서도 어느 정도 개혁하려는 노력이 있었지만 트리엔트 공의회 이후에도 로마 가톨릭의 예배는 대체로 청각이 아닌 시각적인 것에 여전히 머뭅니다. 그러면 개신교의 예배를 어떻게 특징지을 수 있을까요? 사도 바울의 다음 글을 인용함으로써 가능합니다. 즉, 믿음은 들음에서 나고 들음은 하나님의 말씀에서 비롯됩니다.

무엇이 변했을까요? 왜 그런 변화가 생겼을까요? 제가 앞에서 몇 가지 변화들을 이미 강조했습니다. 개신교 예배에서 일반 예배자들이 사용하는 주요 감각 기관이 귀가 되었습니다. 눈에서 귀로, 보는 것에서 듣는 것으로 바뀌었습니다. 이런 변화와 함께 예배의 주된 것이 성찬식에서 설교로 바뀌었습니다. 이 두 가지 변화와 연결되어 매 주일 갖는 예배에서 성찬식이 빠지게 됩니다.

이전 강의에서 언급했던 내용을 상기해 보겠습니다. 당시에 예배자들이 성찬식에 참석해도 실제로 일반 대중은 성찬을 받을 수 없었고 단지 바라보기만 했다는 사실을 기억하실 것입니다. 그것도 3개월에 한 번, 심지어 1년에 한 번 했습니다. 종교 개혁과 함께 교회 지도자들은 성찬식의 빈도를 늘리려고 애를 썼습니다. 그러나 이런 시도는 대체로 성공하지 못했습니다.

결과적으로, 성찬식은 3개월 또는 1년에 한 번 하는 것으로 조정되었습니다. 따라서 교회는 예배 때 성찬식이 빠진 것을 반영해 예배 순서를 새로 정리했습니다. 이런 변화는 굉장한 것이었습니다. 왜냐하면 1,500년 동안 예배의 기본 순서는 다음의 네 부분으로 이뤄졌습니다. 즉 모여서 성경을 읽고 설교를 들은 다음(물론 중세 때는 설교가 사라졌습니다), 성찬식을 한 후, 예배당을 떠났습니다. 1,500년 동안 이 네 가지가 예배의 기본 순서를 이루었습니다.

　이에 반해 개신교인들은 매주 있던 성찬식을 뺐기 때문에 예배 순서를 새로 짜야 했습니다. 예배 순서를 새로 구성하게 된 결과, 개신교인들의 예배 순서가 매우 다양해졌습니다. 16세기 종교 개혁 이후, 예배 순서가 교회마다 유사하기는 해도 획일적이지 않게 되었습니다.

　지금까지 살펴본 예배에서 일어난 변화들을 정리하면 다음과 같습니다. 초기 개신교인들은 강조점을 시각에서 청각으로, 성찬식에서 설교 듣기로 옮겼고, 성찬식을 매주 하지는 않게 되어 주일 예배의 순서가 새롭게 짜였습니다.

　넷째, 개신교인들은 대체적으로 예식의 양을 줄이고 형식도 좀 더 간결하게 했습니다. 중세 때 갖추었던 많은 절차와 복잡한 것들, 많은 상징적인 것들을 제거했습니다. 예를 들면 이전에는 세례 때 여러 번 성유를 바르고 안수했었습니다. 그러나 초기 개신교에서는 그것들을 다 없애고, 세례 때 주로 아버지와 아들과 성령의 이름으로 성수를 뿌리게 되었습니다. 이것은 의식 절차가 줄어들고 간결해진 하나의 예에 불과합니다.

　예를 하나 더 들어보겠습니다. 성찬을 할 때도 마찬가지로 예식의 수를 줄여 좀 더 간결하게 했습니다. 어떤 교회에서는 성찬식이 예수님의 최후의 만찬에서 시작되었고 실제 식사였던 사실을 강조해 예배 공간에 식탁을 놓았습니다. 그래서 성찬식 때 사람들은 식탁 앞에 앉아 매우 간소화한 식사로 성찬을 받았습니다. 이처럼 예식의 수가 줄고 절차가 간소화되면서 교회력 또한 축소되었습니다. 중세 때는 거의 매일 있는 많은 성인들의 축일을 포함해 교회력이 매우 복잡했습니다. 거의 모든 개신교인들 사이에서는 이 교회력이 훨씬 간단해졌습니다. 실제로, 초기 개신교인들 중 어떤 이들은 예수님의 죽음과 부활을 기념하는 날 외에는 1년 내내 다른 기념일을 두지 않기도 했습니다. 그들은 1주일 주기인 주일을 가장 중요하게 여겼습니다.

다섯째, 개신교인들은 성례의 수를 일곱 개에서 두 개로 줄였습니다. 중세 후기에 신학자들이 성례와 성례의 의미를 규정하고 정리했던 것을 기억해 보시기 바랍니다. 초기 개신교인들은 그 정의를 좀 더 엄격하게 적용해 결국에는 단 두 개의 성례만 남겼습니다. 일부는 그것을 "예식"이라고 부르면서 우리가 하나님께 순종하는 행위로 보는 대신 은혜를 불러일으키는 효과적인 도구라며 의미를 축소하려고 했습니다. 개신교인들은 그것을 '성례'라 부르든 아니면 '예식'이라 부르든 어쨌든 그 수를 일곱에서 둘로 줄였습니다. 그 목록에서 삭제한 예식들은 성직 수임식과 결혼식, 장례식, 고해 성사, 견진 성사입니다. 개신교인들은 이 다섯 가지 예식들을 더는 성례로 여기지 않았습니다. 단지 세례식과 성찬식, 두 가지만 성례로 인정했습니다.

이 시기에 생긴 또 하나의 변화는 전통, 또는 과거의 예배식에 덜 의존하게 되었다는 점입니다. 곧 변화가 덜 조직적이고 덜 점진적으로, 좀 더 빠르고 의도적으로 일어났습니다. 실제로 어떤 변화는 거의 하룻밤 사이라고 할 만큼 매우 짧은 기간에 일어났습니다. 이런 급작스런 변화에 일반 대중은 매우 놀랐습니다. 만일 여러분이 목사 또는 연주자로서 예배에서 어떤 변화가 일어난 것을 경험한다면, 지도자들은 그 변화를 좋아할지 몰라도 일반 대중은 이전 방식에 계속 집착한다는 것을 알게 될 것입니다.

이처럼 과거에 대한 계속되는 애착은 16세기에도 있었습니다. 오래전부터 주일에 예배드리러 오던 일부 예배자들은 설교가 진행되는 동안에도 개인 기도를 계속했다는 재미있는 이야기도 있습니다. 그들은 자신의 개인 기도를 하는 대신 설교를 들어야 한다는 지적을 받기도 했습니다. 종교 개혁을 통해 예배에서 선포에 늘 의지하게 되었고, 그 결과 변화들이 빨라졌습니다.

마지막으로 언급할 변화는 모든 개신교인이 아니라 일부에만 적용되는 것인데, 곧, 유아 세례가 폐기되었습니다. 천 년 동안 세례의 대부분이 어린 아기들에게 행해졌고, 예수 그리스도에 대한 신앙을 스스로 고백하는 성인들에게 베푼 경우는 아주 가끔만 있었습니다. 거의 1000년 동안 세례 지원자들은 대부분 어린이였습니다. 이런 관행은 지금도 일부 개신교인들 사이에서 유지되고 있습니다. 그러나 또 일부 개신교인들은 16세기에 유아 세례라는 개념을 완전히 거부하기 시작했습니다. 이러한 거부는 사실 꼼꼼한 성경 읽기에 기초한 것이었습니다. 이 부분에 관해서는 예배 형식과 관련해 성경을 활용하는 개신교인들의 다양한 접근법을 언급할 때 다룰 것이기에 이번 장에서는 자세히 언급하지 않겠습니다. 지금은, 초기 개신교인들이 유아 세례를 거부하고 스스로 신앙을 고백할 수 있는 성인들을 위한 것으로 돌려놓았다는 점만 이해하시기 바랍니다.

왜 이러한 변화들이 일어났을까요? 그 원인 중 하나는, 성경에 초점을 맞추는 새로운 물결이 쇄도했다는 점입니다. 아이러니하게도 이 물결의 근간에는 제가 앞선 장에서 언급했던 대학 교육을 받은 신학자들이 있었습니다. 성경과 성경 연구의 중요성이 점점 커졌습니다. 또한 교회와 사회, 교회와 정부의 관계를 포함해 교회에 대해 다르게 이해하기 시작했다는 것도 하나의 원인입니다. 그 결과 초기 개신교인들 중 일부는 교회와 사회가 더 이상 동일하다고 여기지 않았습니다. 그들은 교회를 제자가 된 신자들, 즉 구별된 사람들로 이해했습니다. 교회는 사회 전체와 같은 게 아님을 이해했습니다.

그리고 구원에 대해서도 새롭게 이해했습니다. 특히 개인의 믿음을 강조하게 되었습니다. 개신교인들은 신약 성경을 연구하여, 구원받기 위해서는 주 예수 그리스도를 개인이 스스로 믿고 그분에 대한 믿음을 고백해야 한다는 사도들의 간절한 호소를 깨달았습니다. 이와 같은 새로운 인식은 로마 가톨릭교회의 권위에 대한 커가는 환멸과 악폐에 대한 깨달음과 밀접한 관련이 있었습니다.

일례로 지난번 언급했던, 연옥에서의 시간을 줄이기 위해 사제에게 날마다 예배를 드려 달라고 돈을 댔던 부유한 부부와 그 예배당 미사를 생각해 보시기 바랍니다. 그런 조치들로 인해 당시 교회와 성직자들의 다수가 매우 부유했습니다. 로마 가톨릭교회와 로마 가톨릭 교인들은 상당히 부유해졌습니다. 이런 관행과 관련해 각성이 일어났습니다.

이런 염증의 한 결과로, 기독교의 형식이 단순해지는 경향이 나타났습니다. 이에 대해 로마 가톨릭교회는 개신교를 공격적으로 거부했습니다. 이것에 대해서는 트리엔트 공의회에 대해서 다룰 때 약간 언급했습니다. 그 결과는 극명한 경계와 반대였습니다. 다른 말로 하면, 로마 가톨릭과 개신교 모두가 중간 지점에 있었던 16세기의 분위기가 다양한 가능성을 탐구하는 열린 시기로 이어지지 못했습니다. 어떤 예배를 선택하느냐에 따라 삶 또는 죽음이 갈렸습니다. 말 그대로 신학과 예배에 대한 입장 때문에 죽임을 당했습니다. 초기 개신교인들 일부는 개신교 예배를 드린 것 때문에 순교했고, 개신교 또는 가톨릭교, 어느 쪽에 충성하느냐에 따라 왕국들이 일어나거나 소멸됐습니다. 이것은 개신교의 예배 방식과 가톨릭의 예배 방식이 거의 모든 경우 극명하게 갈라졌음을 의미합니다.

초기 개신교 교회 중 과거에 수사였던 한 유명한 신학자 마틴 루터(Martin Luther)의 이름을 딴 루터 교회는 독일, 그리고 그 북쪽의 덴마크, 스웨덴, 노르웨이 같은 스칸디나비아에서 흔히 볼 수 있는 개신교 교회의 한 형태입니다. 여기서 제가 주목하고 싶은 것은, 여전히 성찬을 강조하지만, 성찬을 바라보는 것이 아닌 평신도들이 실제로 성찬을 받는 것을 강조했다는 사실입니다. 이 루터 교회는 예수 그리스도의 죽음을 강조했는데, 이것은 예배에서 참회하며 그리스도의 죽음을 강조하는 중세 후기의 잔재 중 하나입니다. 이렇게 루터파 교회의 사람들은 성찬을 단순히 바라보는 게 아니라 실제로 받고 있었습니다. 그리고 루터파는 유아 세례를 유지했던 교파들 중 하나이기도 했지만,

성경 낭독과 일반 신도들의 성경 듣기 또한 강조했습니다. 균형 잡힌 모습이 초기 루터파 교인들이 구상한 예배의 모습이었습니다. 즉 일반 신도들이 성경 낭독과 설교를 듣고 교화되고, 매주 성찬을 받고, 유아세례를 유지한 정기적인 세례식이 포함된 예배 말입니다. 당연히 루터파는 개신교 중에서 정부와 긴밀한 관계를 유지한 교파였습니다.

이번에는 조금 더 극단적인 시각을 보여 주는 개혁파의 예배로, 개혁파 그리스도인들은 네덜란드와 스위스, 프랑스 동쪽, 스코틀랜드에 퍼져 있습니다. 그들은 잉글랜드 지역에도 어느 정도 영향을 미쳤습니다. 초기 개혁파 교회의 예배에서 여러분이 주목하기 원하는 것은, 모든 것이 높은 설교단을 중심으로 배치되어 있다는 점입니다. 성찬대나 제단은 보이지 않습니다. 거의 전적으로 성경만 읽고 설교하는 개혁파 교회의 예배란 전적으로 성경 낭독과 설교만 하는 게 아니었습니다. 예배에는 여전히 기도도 꽤 많이 포함되기 때문입니다. 그러나 개혁파 예배에서는 말씀 설교에 주 초점이 맞춰졌습니다.

모든 좌석이 설교단을 향해 있으며, 설교단은 공명판으로 되어 있습니다. 마이크가 없던 때라 설교자가 선 설교단은 공명판으로 만들었습니다. 그가 설교하면 소리가 공명판을 통해 밖으로 울렸습니다. 하나님의 말씀과 설교를 듣는 것이 이들에게 가장 중요했다고, 제가 말했던 것을 기억하시기 바랍니다. 좌석은 두 단으로 되어, 1층과 발코니석이 있었습니다. 왜 2층으로 만들었을까요? 마이크가 없었기 때문에, 많은 사람들이 성경 말씀과 설교를 쉽게 들을 수 있으려면, 좌석을 최대한 설교단에 가까이 배치해야 했기 때문입니다.

제가 5장에서 시각의 강조에 대해 언급한 것을 떠올려 보시기 바랍니다. 중세 후기에도 일반 예배자들이 성찬식을 진행하는 사제를 볼 수 있는 경우는 매우 적었습니다. 그 대신에 무엇을 볼 수 있었을까요? 그것은 중세 후기 예배 공간 구석구석을 꾸민 십자가 위의 예수 그리스도의 조각상과 그림들이었습니다. 그러나 초기 개신교인들은 시각 대신 청각을 강조하면서 이 이미지들을 전부 걷어 냈습니다. 말씀과 설교에 청각적으로 주목해야 할 때에 시각적으로 산만해지지 않도록 하기 위해서였습니다.

이 시기의 대표적인 다음 글을 인용하고 싶습니다. 17세기 중반에 쓰인 글입니다. 미리 작성된 기도 모음집 대신 이 인용문은 "공 예배를 위한 지침서(Directory for the Public Worship of God)"라는 안내서의 일부입니다. 지침 또는 지시를 담고 있어서 지침서라 불립니다. 이 작품은 영국 웨스트민스터에서 작성되었으므로 약칭으로 "웨스트민스터 예배 모범(Westminster Directory)"이라고도 합니다. "웨스트민스터 예배 모범"은 17세기 중반에 작성되었습니다. 이 지도서에는 주일에 하는 성경 낭독에 관한 지침들이 들어 있습니다.

오랜 시간에 걸쳐 체계적으로 성경 낭독을 하도록 지침들을 제공합니다. 성경의 어느 부분은 빼고 일부분만 낭독하게 되는 성구집 대신, 이 지침서를 따르면 성경을 그야말로 계속 통독하게 됩니다. 다음 내용을 들어보시기 바랍니다. "사람들이 성경 전체를 더 잘 알 수 있도록 경전으로 인정된 성경의 책들 전부를 읽을 필요가 있습니다. 그리고 보통은, 전 주일에 낭독이 끝난 다음 부분부터 낭독을 다시 시작합니다."

이 말은 지난 주일에 로마서 1장을 낭독했다면 다음 주일에는 확실히 로마서 2장을 낭독할 것이고, 이런 식으로 한 해가 계속 이어진다는 뜻입니다.

음악과 설교, 기도에 대해 간단히 살펴보겠습니다. 놀랍게도 이 시기에 음악에서, 회중 찬양의 회복을 포함해 극적인 변화가 있었습니다. 일부 개신교인들은 새로 쓰인 찬송가들을 불렀습니다. 특히 루터파 교회에서 그랬는데, 그들은 완전히 새로운 악보를 썼습니다. 그러나 개혁파나 영국 성공회(잉글랜드 지방에 퍼진 개신교) 같은 다른 개신교인들은 시편 곡들을 불렀습니다. 시편 구절 그대로가 아니라 시편을 운율에 맞게 바꿔 표현해서 불렀습니다. 작곡가나 시인은 시편의 말씀을 가져다가 충분히 변형시켜서, 우리 눈에는 시편이 각 행에 정해진 음절 수와 운율 형식을 가진 찬송가처럼 보이게 했습니다. 그리고 찬송의 주된 목소리로 회중이 아닌 찬양대에게 계속 중점을 두었습니다.

설교는 어떻게 되었을까요? 제가 이미 암시했듯, 설교는 모든 개신교 예배에서 대단히 중요해졌습니다. 성경 낭독과 설교는 일반 대중이 듣고 이해할 수 있는 그들의 언어로 했습니다. 왜 그랬을까요? 다시 바울의 말을 인용하겠습니다. "믿음은 들음에서 나며 들음은 그리스도의 말씀으로 말미암았느니라"(롬 10:17) 실제로 대중의 언어로 하는 설교가 매우 중요해짐으로 인해 어떤 사람들에게는 '설교'라는 말

자체가 전체 예배를 의미하게 되었습니다. 그들은 "오늘 아침에 예배 드리고 왔다."라고 말하는 대신 "오늘 아침에 설교 말씀 듣고 왔다."라고 말했습니다. 설교할 때 성경에 철저히 주의를 기울이게 되었습니다. 성직자들은 스스로 성경 말씀을 다룰 수 있도록 점점 더 훈련을 받았습니다. 훈련되지 못한 성직자들을 위한 뛰어난 품질의 표준 설교가 제공되지 않았기 때문입니다.

로마 가톨릭교회에서는 이전 관행에서 약간의 변화가 있었습니다. 전에는 예배 중 설교가 전혀 없거나 있다 하더라도 착하게 살라는 도덕적 권고였었습니다. 도미니크회(Dominicans)의 수사들 같이 순회 설교자들이 예배 중에 또는 예배와 별도로 설교할 때가 있었습니다.

기도와 관련해서는 어떤 변화가 있었을까요? 이 주제와 관련해서는 개신교인들 사이에서 꽤 많은 차이가 나타났습니다. 세 가지 접근법이 있었습니다. 먼저 모든 개신교인들에게서 보이는 공통된 요소가 하나 있었는데, 그것은 일반 대중이 들을 수 있도록 모든 기도를 대중의 언어로 했다는 것입니다. 이 공통점 외에는 다양성이 나타납니다. 개신교인들 중 일부는 여전히 기도 모음집을 사용했습니다. 예를 들면 잉글랜드 지방에 퍼진 영국 성공회에서는 1549년에 처음 인쇄된 "일반 기도서(Book of Common Prayer)"가 예배에서 중요한 존재가 되었습니다.

그러나 앞에서 "웨스트민스터 예배 모범"의 예를 보았듯이, 또 다른 개신교인들은 예배 때 기도를 위한 글을 제공하는 대신, 어떻게 기도하는지 알려주는 안내서를 예시 기도문과 함께 제공했습니다. 각각의 목사 또는 설교자가 기도하는 방식에 참견하지 않고 안내서만 제시하려고 했습니다.

이보다 좀 더 극단적으로 접근하는 사람들도 있었는데, 그들은 진정으로 믿음이 있는 사람이라면 외부적 도움 없이 마음으로 기도할 수 있어야 한다고 말했습니다.

마지막으로, 기도가 일반 대중이 듣고 이해할 수 있게 되자 일부 목사들은 기도를 은근히 권고 방식으로 사용했습니다. 기도가 일반 대중의 언어로 행해지지 않을 때에는 사람들이 기도를 듣든지 듣지 않든지 문제가 되지 않았습니다. 그러나 기도를 일반 대중의 언어로 하게 되자 일부 목사들, 특히 즉석에서 기도하는 목사들은 사람들에게 은근히 권고하거나 가르치는 용도로 바꾸고 싶은 마음이 매우 컸습니다.

이 시기는 오늘날 예배에 어떤 기여를 했을까요? 이 시기의 예배는 오늘날 우리의 예배에 많은 면에서 영향을 미쳤습니다. 16, 17세기의 사람들은 첫 개신교인들이라는 점에서 개신교 예배만의 특별한 관행들을 처음 행했고, 그 이후로 계속 이어지게 했습니다.

몇 가지를 주목할 수 있습니다. 먼저, 설교의 중요성입니다. 개신교인들이 예배에서 설교를 중심적이고 중대한 부분으로 접근하지 않는 경우는 매우 드물었습니다. 설교는 거의 모든 개신교 예배에서 중대한 위치를 점했습니다.

둘째, 예배를 도구로 여기는 경향이 계속되었습니다. 우리는 중세 후기부터 예배를 뭔가를 완수하는 효과적인 도구로 인식하기 시작했음을 살펴보았습니다. 대신에 초기 개신교인들은 예배가 단지 하나님께만이 아니라 사람들에게도 뭔가를 행할 수 있다고 인식하기 시작했습니다. 제가 기도를 신자들에 대한 은근한 가르침 또는 권고로서 묘사하면서, 이런 가능성을 암시했었습니다. 중세 후기의 교회와 마찬가지로 개신교인들은 바른 사람이 바른 의도를 가지고서 바른 시기에 바른 방법으로 행하면 예배를 통해 의도된 일을 완수할 수 있다고 생각했습니다.

그러나 개신교인들은, 예배 때 사람들에게 바르게 전달되는 말이 목표를 완수할 수 있다는 생각에 강조점을 두었습니다. 사실, 저는 이런 생각이 '틀리다'고 말하고 싶지 않습니다. 이런 생각은 우리가 중세 때 '처음 본 망치로서의 예배'라는 강력한 도구적 개념과 연결됩니다. 개신교에서 예배는 많은 경우 여전히 망치와 같은 것으로 여겨지고 있습니다.

셋째, 개신교인들이 성경을 주의해 보기 시작했다는 사실을 지적하고 싶습니다. 예배 때 낭독하고 설교할 내용을 찾기 위해서뿐만 아니라 예배 형식을 안내받기 위해 성경을 읽었습니다. 초기 개신교인들은 예배 때 무엇을 해야 하는지 가르침을 받기를 구했습니다. 그때 이후로 계속 개신교인들은 성경에서 그 가르침을 찾고 있습니다.

실제로, 종교 개혁 초기에 일어난 세 가지 접근법이 여전히 우리에게 영향을 미치고 있습니다. 여전히 강력하고 다양한 그 접근법들을 여러분에게 설명하기를 원합니다.

종교 개혁 이후 개신교인들은 예배 형식을 짜는 데 있어서 세 가지 방식으로 성경을 활용했습니다. 먼저, 성경에서 금지한 일들을 피하기 위해서 성경을 이용했습니다. 성경에서 예배 때 하지 말라고 한 것들을 찾고, 그 금지 사항들을 피하는 한 자유를 누릴 수 있다고 여겼습니다. 좀 더 공격적으로 접근하는 이들은 이렇게 말합니다. "성경은 단지 금지 사항만 언급하지 않고 우리가 해야 하고 예배해야 할 일들의 긍정적인 목록도 제시합니다. 따라서 우리는 성경에서 예배 때 하라고 제시하는 목록을 찾아야 합니다."

이것이 두 번째 접근법입니다. 즉 예배 때 금지 사항을 피하면서 해야 할 사항들의 긍정적인 목록을 만들기 위해 성경을 사용했습니다. 이보다 좀 더 극단적인 접근법이 있는데, 이 세 번째 극단적인 접근법에서 그리스도인들은 예배 때 오직 성경에서 하라고 언급한 일들만 해야 한다고 말했습니다. 이쪽의 개신교인들은 성경을 면밀히 살펴서, 어떤 관례가 성경에 분명하게 제시되어 있지 않으면 예배 때 행하지 않았습니다.

세례가 이 세 가지 접근법이 어떻게 작동하는지를 잘 보여 줍니다. 예를 들어, 유아 세례를 유지한 루터파는 성경을 살피고서 말합니다. "성경 어디에도 유아 세례를 금하는 구절이 없으니, 우리는 유아 세례를 계속할 것입니다." 그러나 재세례파들은 다음과 같이 말합니다.

"아닙니다, 성경에서 우리에게 명한 것은 복음을 전한 다음 그에 응하는 사람들에게 세례를 주라고 했습니다. 따라서 그 말은 세례받는 사람은 모두 그리스도에 대한 믿음을 고백할 수 있어야 함을 가정합니다. 아이들은 믿음을 고백할 수 없으므로, 우리는 아기들에게 세례를 주고 교인으로 받아들일 수 없습니다."

이에 대해 세 번째 그룹은 다음과 같이 말합니다. "그렇습니다. 유아 세례를 하지 않는 게 좋습니다. 대신에 신약 성경을 면밀히 읽어 보면 신자를 물속에 완전히 잠기게 하고서 침례를 줍니다. 따라서 우리는 믿음을 고백한 사람들에게만 세례를 주되, 물속에 완전히 잠기게 하고서 침례를 줘야 합니다." 이처럼 개신교인들 사이에서 세례와 관련해 유아 세례에서부터 물에 잠기게 한 채로 성인에게만 주는 침례까지 방식들이 다양합니다.

예배 방식을 참고하기 위해 성경을 활용하는 방식과 관련해 또 하나의 문제는 '성경의 어떤 부분을 보는가?'였습니다. 성경에 범위가 있기 때문입니다. 어떤 개신교인들은 구약에, 또 다른 개신교인들은 신약에 더 많이 의존했습니다. 어느 쪽에 더 중요성을 두는가에 따라 예배 방식에서 차이가 났습니다. 일례로, 미국에는 성경을 엄격하게 적용해 악기를 사용한 강력한 증거가 없다면서 예배에 악기를 전혀 사용하지 않는 '그리스도의 교회(Church of Christ)' 교파가 있습니다.

이 교파는 따라서 기독교 예배에서 모든 찬양은 악기 없이 오직 사람의 목소리로만 해야 한다고 믿습니다. 여러분 중에 구약 성경에서 악기를 사용해 예배드리는 구절 여러 곳을 보라고 반박할 사람들이 있을 것입니다. 그러나 성경 전체 중 어느 책을 중요하게 여기는가와 관련해 다양성이 있다는 사실을 기억하십시오. 미국에서 악기를 사용하지 않는 교파는 기독교 예배의 지침으로 구약 대신 오직 신약만 믿습니다.

초기 개신교가 오늘날 우리의 예배에 어떻게 기여했는지 빠르게 검토하겠습니다. 설교를 중요하게 여기게 된 것이 지금도 계속되는 초기 개신교의 영향 중 하나입니다. 바르게 행한 예배를 도구적으로 인식하는 것 또한 지금까지 계속되는 또 하나의 영향입니다. 예배 형식을 규정하는 성경의 역할은 세 번째 지속되는 영향입니다.

네 번째 영향은 진정한 종교의 일부로서 과도한 의식과 의례를 불신하는 것입니다. 이런 불신은 많은 개신교인들 사이에서 여전합니다. 이것에 대해서는 내면 상태의 강조에 대해 나오는 다음 장에서 좀 더 다룰 것입니다. 많은 개신교인들은 겉으로 행하는 것이 아니라 마음속으로 느끼고 경험하는 것이 진정한 기독교라고 믿습니다.

또 한 가지 기여는 성찬식을 절정에 두지 않는 주일 예배 순서입니다. 초기 종교 개혁가들이 예배 순서를 현재처럼 조정했다고 설명한 것을 기억하시기 바랍니다. 우리 대부분은 매주 예배 때마다 성찬식을 하지는 않을 것입니다.

마지막 영향은, 영어권 개신교들인들에게 해당하는데, 킹제임스역 성경과 그 성경의 영어 문체입니다. 최근까지 이 성경의 언어, 즉 현재는 고어 문체에 해당하는 이 영어가 예배의 표준 언어였습니다. 이 예스러운 영어의 영향이 지금도 어느 순간에는 계속 쓰이고 있습니다.

예를 들면, 개신교 예배에서 영어로 주기도문을 외울 때 킹제임스 성경의 예(禮)스런 문제로 하는 경향이 있습니다. 'Our Father who is in heaven'라고 말하는 대신 'Our Father which art in heaven'이라고 하고, 'your name is holy' 대신 'hallowed be thy name'라고 말합니다. 즉, 'is' 동사 대신 고어체 'art'를 쓰고, 'your' 대신 'thy'를 씁니다. 고어체 영어와 현대 영어의 차이를 확인할 수 있습니다. 이처럼 킹제임스 성경의 언어가 지금도 개신교 예배에 영향을 미치고 있습니다.

현재에도 시의성이 있는 문제들을 살펴보겠습니다. 한 가지는 제가 조금 전에 언급한 것과 관련있습니다. 무엇이 성경에 입각한 예배일까요? 예배 중 성경을 일정한 분량 낭독하거나 일정한 방식으로 성경을 낭독하는 것일까요? 예배의 형식을 규정하는 성경 구절을 활용하는 것일까요? 예를 들면, 성경의 명령 또는 모범을 지키는 예배일까요? 둘 다일까요? 이 문제는 오늘날에도 여전히 논쟁 중인 시의성 있는 문제입니다. 이에 대한 대답에 따라 예배 형식도 달라질 것입니다.

두 번째 시의성 있는 문제는 예배에서 목사의 책임과 관련된 것입니다. 우리는 목사에게 설교 능력을 기대하는 만큼 성례와 기도를 다루는 능력을 기대해야 할까요? 이 문제는 중세 후기에서 종교 개혁 초기로 가면서 성직자에게 요구되는 능력이 급격하게 바뀌면서 생겨났습니다. 설명하자면 중세 후기에는 목사에게 설교 능력이 반드시 요구되지는 않았지만, 성찬식을 진행하는 능력은 요구되었습니다. 그러나 종교 개혁 초기에는 목사에게 설교를 잘하는 능력은 기대했지만, 성례를 진행하는 능력에 대해서는 종종, 별 관심을 두지 않았습니다. 오늘날 예배에서 목사는 어떤 책임이 있을까요? 16세기에 시작된 갈등이 지금도 여전히 존재합니다.

제 7 장

18세기부터 20세기 초

제 7 장
18세기부터 20세기 초

　기독교 예배의 역사를 살펴봄으로써 오늘날 예배에 이르는 여정을 계속 가보겠습니다. 이번 장은 제 7장으로 18세기에서 20세기 초까지를 다룹니다.

　말씀드렸듯이, 이번 장에서 우리는 세기의 경계를 약간 넘어서 다룰 것입니다. 왜 이렇게 세기의 경계를 넘어 20세기 초까지를 다루는지 이유를 설명하겠습니다. 19세기 말과 20세기 초를 살펴보면, 이 위대한 선교 활동의 시기에 선교사들이 전 세계로 전한 개신교 예배의 형식을 볼 수 있습니다. 그런데 이 시기를 끊어서 앞만 보면 선교의 시기를 놓치게 되고, 더 길게 잡으면 뒤의 60년에서 70년간에 있었던 역동적인 변화를 자세히 보지 못합니다. 그래서 이번 장에서는 18세기부터 20세기 초까지를 다룰 것입니다.

시간표상 현재 우리는 오늘날의 예배에 이르는 여정에서 거의 끝에 와 있습니다. 1700년대와 1800년대, 그리고 1900년대 초반까지 약 250년의 시기를 살펴볼 것입니다. 이 시기에 초점이 맞춰져 있으며, 마지막은 최근까지 반세기 정도의 변화를 살펴볼 것입니다.

이 250년의 기간에 특성을 부여한다면 "더 많이"의 시기라고 하겠습니다. 구체적으로 '더 많이 마음에', '더 많은 색깔', '더 많은 수,' '더 많은 돈', '더 많이 역사에'라고 말입니다. 우선은 각각의 용어를 간단히 소개한 다음, 조금 뒤에 좀 더 자세히 설명하겠습니다.

"더 많이 마음에"입니다. 이 시기에 개신교인들은, 예배가 예배자들의 마음에 어떻게 영향을 미치는가에 크게 관심을 갖습니다. 예배가 사람들의 마음에 영향을 미치는 방식과 마음으로 예배에 참여하는 것에 관하여 많은 대화와 논의가 있었습니다.

"더 많은 색깔"입니다. 이 표현은 특히, 당시에 노예였던 많은 아프리카계 미국인 또는 흑인들이 그리스도인으로 개종한 북아메리카의 상황을 표현합니다. 그들이 그들만의 독특한 접근법과 예배 습관을 도입합니다. 그들의 예배 방식이 북아메리카의 전체 개신교로 퍼져 나갔습니다. 제가 북아메리카 개신교를 강조하는 이유는 비단 제가 그 출신이기 때문만이 아니라 19세기 말과 20세기 초의 선교 활동의 많은 부분이 이 지역에서 비롯되었기 때문입니다.

"더 많은 수"입니다. 역사상 이 시기에는 입증을 위해 더 많은 숫자를 강조했습니다. 1700년대 후반에 시작된 한 예배 접근법에 실용적인 요소가 있었습니다. 이것에 따르면 증가한 숫자를, 예배를 바르게 드리고 있다는 중요한 표지로 생각했습니다.

"더 많은 돈"입니다. 이 시기에 굉장히 중요한 또 하나의 동력은 산업화와 자본주의에서 나옵니다. 가속화된 교회의 도시화와 함께 많은 그리스도인이 더 많이 교육을 받고 더 많은 돈을 벌었습니다. 이 교육과 돈이 예배에 변화를 가져왔습니다. 이러한 변화들에 대해서 잠시 뒤에 더 이야기하겠습니다.

"더 많이 역사에"입니다. 이 용어는 이 시기의 모든 사람에게 적용되는 것은 아닙니다. 단지 중세 후기를 추억하고 그때의 예배 방식이 종교 개혁을 통해 물려받은 방식보다 우월하다고 생각하는 개신교의 한 분파에만 해당합니다. 우리는 실제로 지난 강의에서 저자 퍼긴(Pugin)의 인용문을 통해 그 단서를 발견할 수 있었습니다. 그는 고딕 건축이 기독교 예배에 얼마나 뛰어난지 설명하고 있었습니다. 그는 중세로 돌아가려는 일부 사람들의 더 큰 흐름의 한 예에 불과합니다.

요약하면, 이 시기는 '더 많이'의 시기입니다. 구체적으로 '마음에 더 많이', 피부색과 관련해 '더 많은 색깔', '더 많은 수', '더 많은 돈', '역사에 더 많이'로 특징지을 수 있습니다. 당시의 모든 사람에게 이 모든 것을 적용할 수 있는 것은 아닙니다. 그러나 대체적으로 이 시기를 이 다섯 가지 용어로 특징지을 수 있습니다.

그렇다면 무엇이 변했을까요? 그리고 왜 그렇게 변했을까요? 먼저, 변하지 않은 것들에 주목해 보겠습니다. 성찬식을 드물게 하며 말씀과 설교를 중심으로 한 예배를 대부분의 개신교인들은 여전히 주일에 드렸습니다. 성경 낭독과 설교를 들었지만 성찬식은 드물게 했습니다. 성경 낭독과 설교를 포함하고 성찬식을 뺀 것이 개신교인들 대부분이 주일에 드리는 예배 형식입니다.

또한 예배를 예배자들의 마음에 영향을 미치는 도구로서 더욱 관심을 가졌습니다. 예배를 무엇인가 수행하는 수단으로 보는 개념은 서양에서 오래된 개념이라는 사실을 기억하시기 바랍니다. 그러나 이 250년의 시기에서 우리가 초점을 맞출 사항은 '예배자들의 마음에 감정 또는 감정을 형성하는 데 예배가 어떻게 사용될 수 있는가?'입니다.

이처럼 예배를 도구적으로 보는 접근법에서 생겨난 특별한 방식이, 영어권 개신교인들 사이에서 많이 확산된 찬송가입니다. 예배를 마음의 감동을 일으키는 도구로 사용하는 데 대한 강조는 열광적인 표현을 통해 이루어졌으며, 즉 소리치거나 몸의 움직임이나 손을 들어 올리는 열광적인 몸짓을 포함했습니다. 즉 함성을 지르고 열정적으로 몸을 움직이거나 손을 들었습니다. 또 다른 사람들은 도구로서의 예배를 품위 있는 아름다움으로 표현했습니다. 개신교인들 가운데 일부는 이런 열광적인 표현을 전혀 표출하고 싶어 하지 않았습니다. 그들은 압도적인 공간과 음악의 조용한 아름다움을 원했습니다. 어떤 접근법이든 대체적으로 예배가 예배자들의 마음과 감정에 중요한 일을 행한다는 데 관심을 두었습니다.

예배에서 세 번째 변화는 예배자들이 손에 종이를 들고 오게 된 것과 관련됩니다. 그들이 손에 든 것은 대량 생산한 찬송가집 또는 예배

책이었습니다. 20세기에 이르러서는 종종 개인적으로 인쇄한 주일 예배를 위한 주보 또는 소책자를 들고 오기도 했습니다. 오늘날 우리는 예배자들이 주보 또는 찬송가집을 들고 다니는 것에 매우 익숙하기 때문에 기독교 예배 역사에서 오랜 시기 동안 예배자들이 아무것도 들고 다니지 않았다는 사실에 꽤 놀랄 수 있습니다.

그러나 이 250년의 기간은 예배자들의 손이 바쁜 시기였습니다. 예배가 좀 더 열정적인 모습을 띤 교회들에서는 종종 손에 종이를 들지 않는 대신 자유롭게 박수치고 손을 들어 올렸습니다. 반면에 회중과 예배자들이 좀 더 부유하고 사회적 지위가 있는 교회들에서는 좀 더 품위 있는 예배 형식을 원해 회중이 찬송가집이나 예배서, 주보를 가지고 오는 경우가 많았습니다. 따라서 이런 교회의 예배자들의 손에는 무엇인가가 들려 있었습니다.

넷째, 어떤 그리스도인들 사이에서는 성례를 기대하는 일이 점점 덜해졌습니다. 성례에 대한 기대감이 사라진 데는 당시에 등장한 철학 사조의 영향이 일부 있었습니다. 그 철학 사조의 영향으로 예배에서 일어나는 초자연적 현상을 존중하지 않게 되었고, 사람들에게 도덕적 교훈을 주는 데 더 관심을 갖게 되었습니다. 예배에서 신비성을 없애고 실제적인 일들에 주목했습니다. 그 결과 점점 더 많은 개신교인들이 성찬식이 예수 그리스도의 몸과 피를 함께 나누는 실제적인 방법일 수 있다는 생각을 이상하게 여겼습니다. 이런 관점을 가진 개신교인들은 성례를 포함한 예배 행위들을 사람들을 권고하고 더 좋은 사람이자 더 좋은 시민으로 만드는 기회로 활용하고자 했습니다.

왜 이런 변화가 일어났을까요? 어디서부터 비롯되었을까요?

'마음을 더 강조'하는 현상은 새로운 영성이 출현한 것에서 기인합니다. 그런 경향 중 하나가 경건주의로, 이 시기 예배에 큰 영향을 주었습니다. 경건주의자들은 1700년대와 특히 1800년대에 일어난 개신교 집단인데, 진정한 기독교는 마음속으로 경험된다는 점을 강조했습니다. 그들은 이 점을 강조하면서 예배에서 마음의 중요성에 초점을 맞췄습니다.

'더 많은 색깔'은 북아메리카 예배 현장에 다양한 인종이 참여함으로써 나타났습니다. 이런 다양성은 노예 제도 때문에 생겨났다고 이미 설명했습니다. 노예 제도라는 동기가 없었던 이 시기 대부분의 유럽 교회들의 구성원은 단일 인종 집단이었습니다. 그러나 북아메리카에서는 광범위하게 퍼진 노예 제도라는 불행한 관행으로 인해 많은 수의 흑인들 즉 아프리카계 미국인들이 있었습니다. 그들은 아프리카에서 바로 온 사람들이거나 그들의 후손으로 북아메리카에서 태어난 사람들이었습니다. 이들이 북아메리카 기독교와 그 예배에 인종적 다양성을 가져왔습니다. 이곳 외의 다른 기독교 세계에서는 이런 인종적 다양성을 발견할 수 없을 것입니다.

'더 많은 수'는 계몽주의라는 철학 사조의 출현에서 비롯되었습니다. 과학적 접근법과 수의 역할을 높이 평가하는, 과학과 계몽주의는 민주주의를 비롯해 여러 가지 사회 운동에 자극제가 되었습니다. 예를 들면, 계몽주의로 인해 민주주의에서는 표를 가장 많이 얻은 사람을 지도자로 선출했고, 사람들을 이끄는 또는 통치하는 권리를 군주에게 하듯 혈통에 따라 자동적으로 주지 않았습니다. 계몽주의는 또한 가장 큰 이익을 남기는 것을 가장 성공한 일로 보는 자본주의의 한 측면을 강화하기도 했습니다. 예배를 잠재적 수단으로 보는 접근법은 1000년 동안의 서양 예배의 특징인데, 이 계몽주의적인 사고방식이 그런 접근법을 더욱 강조하게 했습니다.

계몽주의는 예배에 대한 도구적 접근법에서 더 나아가서, 예배에서 뭔가를 성취하는 목표에 더해 더 많은 수의 사람들과 함께하는 것을 기대하게 만들었습니다. 이미 지적했듯이 계몽주의는 과학적 측량, 과학적 방법의 출현과 밀접하게 관련이 있습니다. 이 시기의 일부 개신교인들은 수많은 사람들과 효과적으로 일할 수 있는 방법을 알아내는 데 이 과학적 사고의 틀을 적용했습니다. 효율성에 대한 관심으로 인해 일부 사람들은 세례와 성찬식의 가치를 낮춰 보았습니다. 세례와 성찬식이 성취하는 것은 수치로 측정될 수 없는 것입니다. 따라서 계몽주의는 일부 사람들이 품고 있는 성례의 유용성에 대한 의심을 강화했습니다.

'더 많은 돈' 즉, 더 큰 재정적인 부가 좀 더 급진적인 예배 전통에 어떤 영향을 미쳤는지 살펴보겠습니다. 일부 개신교 예배는 함성, 신체 움직임과 함께 매우 열정적이 되었습니다. 그러나 평신도들의 사회적 지위가 올라가고 성직자들이 더 많이 교육을 받으면서 예배는 좀 더 차분해졌습니다. 높은 사회적 지위와 더 많은 교육으로 사람들은 종종 그들의 높아진 사회적 지위에 맞는 품위 있는 예배 형식을 원했습니다.

'역사에 더 많이'에 기대는 영향은 일부 개신교인들이 중세 후기를 이상적인 시기로 보면서 의식적으로 그때를 모방하려는 데서 비롯됐습니다. 앞에서도 말했지만, 이런 변화 전부가 기독교 전체, 더욱이 개신교 전체에 일관적으로 적용되는 것은 아닙니다. 다만 대체적으로 이 시기의 기독교를 이 다섯 개의 동력으로 특징지을 수 있습니다.

이 시기와 관련해 매우 중요한 사항 한 가지를 지적하고 싶습니다. 이미 언급했지만, 그 중요성을 고려해 다시 한번 언급합니다. 이 시기는 위대한 선교 활동의 시기였습니다. 만일 여러분이 19세기 말이나 20세기 초에 선교사들을 받은 나라 또는 지역의 학생이라면, 여러분 교회의 예배는 광범위하게 선교 활동을 하던 그 시대의 선교사들이 전한 예배 방식에 영향을 받았을 것입니다. 역사적으로 볼 때 놀라운 사실은, 만일 그보다 100년 전(18세기 후반)의 선교사들이었다면 그들이 전했을 예배 방식은 아주 많이 달라졌을 것이라는 점입니다. 구체적으로 말해, 이 100년만의 변화는 제가 조금 전에 언급했던 동력들과 관련이 있습니다.

19세기 말과 20세기 초의 선교사들은 좀 더 위엄 있고 차분하며 덜 열광적인 형식의 예배를 전했습니다. 이 초기 선교 시대의 예배는 가운을 입은 성직자와 주일을 위해 품위 있게 차려 입은 일반 성도들과 함께 위엄 있는 모습을 띠었습니다. 일반적으로 이 선교사들의 본국에서의 예배가 예배자들이 몸을 덜 움직이고 소리치거나 큰 소리로 말하지 않기를 기대했습니다. 이런 위엄 있는 예배 형태가 19세기 후반과 20세기 초에 널리 퍼져나갔습니다. 이런 형태의 예배를 선교사들이 해외로 가지고 나가 전했습니다. 만일 이보다 100년 전에 선교 활동이 이루어졌다면 많은 선교사들이 좀 더 열정적이면서 격식을 덜 차린 예배 형식을 전했을 것입니다.

개신교인들의 예배 모습을 살펴보겠습니다.

첫 번째는 "퀘이커 교도"라고 불리는 집단입니다. 그들은 마음을 강조하는 예배 접근법의 훌륭한 예를 보여 줍니다. 실제로, 그들은 예배의 중심으로서 마음을 강조했기 때문에 예배를 근본적으로 내적 경험으로 바꿨습니다. 퀘이커 교도들은 아마도 마음을 강조한 예배 형식의 극단까지 간 모습을 보여 줍니다. 초기 퀘이커 교도들의 예배 집회는 예술적으로 묘사하기도 했습니다.

퀘이커 교도들은 영과 진리로 예배해야 한다고(요한복음에서 끌어낸 발상입니다) 믿었습니다. 또한 영적인 것이라면 당연히 물질적이지 않고 내적인 것이어야 한다고 믿었습니다. 따라서 퀘이커 교도들은 조용히 모여서 성령님이 움직이기를 집단적으로, 또 개인적으로 기다렸습니다. 이와 같은 예배에서 사람들은 오랜 시간 조용히 앉아 있었을 것입니다. 저는 이런 방식으로 진행되는 퀘이커 교도들의 집회에 참석한 적이 있는데, 한 시간 동안 아무도 말을 하지 않고 가만히 앉아 있었습니다. 그들은 예배 가운데 내면에 주의하면서 그들 가운데 예수 그리스도께서 있다고 믿었습니다. 또한 그들은 예배자들이 예수 그리스도의 임재를 경험하기 위해 말할 필요가 없고, 외부 요소를 기대할 필요가 없다고 생각했습니다.

지금도 그때와 마찬가지로 동일하게 예배드리고 있는 현대 퀘이커 교도들이 있습니다. 그들의 집회에 가면 한 시간에서 한 시간 반 정도 조용히 앉아 있어야 할 것입니다. 사람들을 흩어지게 하는 하나님의 시간을 공통적으로 인식할 때까지 예배 순서가 따로 없기 때문에 미리 시간을 정해 놓지 않습니다. 그들의 집회에서는 개인이 성령님의 움직임을 느끼면 자리에서 일어나 말할 수 있습니다. 찬송이나 음악을 제공하기도 합니다. 성경 구절을 제시하거나 간증을 하기도 합니다. 그러나 미리 뭔가를 계획하지는 않습니다. 하나님이 그들의 마음에 직접 임하십니다. 그들은 예배 내내 이러한 논리를 따라갑니다. 이 시기에 마음을 강조한 기독교 예배의 방식으로서 퀘이커 교도들의 접근법이 유일한 것은 아닙니다.

19세기 초, 초기 감리교도들의 예배 모습은 또 다른 극단을 보여 줍니다. 그들은 많이 움직이고 소리를 냈습니다. 그들의 예배에서는 단 한 사람만 말하지도, 단 한 사람만 설교하지도 않았습니다. 다수의 설교자와 사람들이 동시에 말을 했습니다. 마찬가지로, 다수의 사람들이 하나님께 청원하면서 동시에 기도했습니다. 아마도 그들의 삶과 다른 사람들의 삶을 만져 달라고 하나님께 구했을 것입니다.

초기 감리교의 예배는 매우 시끄럽고 감정 표현이 강한 예배였습니다. 그러나 퀘이커 교도의 예배와 동일한 전제를 내세우고 있었습니다. 즉, 예배의 진정한 중심은 사람들의 마음이라는 생각이었습니다. 퀘이커 교도들은 침묵을 통해 마음에 접근한다고 생각했습니다. 초기 감리교인들은 소리와 움직임을 통해서 마음을 움직인다고 생각했습니다.

초기 감리교 예배를 보여 주는 또 하나의 예가 있습니다. 19세기 초 필라델피아에 있는 한 감리교 교회입니다. 두 곳의 감리교 집회에서 유사한 모습을 볼 수 있습니다. 백인들과 흑인 신자들이 예배에서 충만함과 환희에 차고, 소리치고 춤추며, 쓰러진 모습과 예배 중 건물 밖으로 나와 도시의 거리로 이동하는 모습을 보였습니다.

이런 열정적인 예배 모습은 감리교인들을 비롯해 다른 많은 그리스도인들에게서 사라집니다. 19세기에서 20세기 초로 넘어오면서 많은 교회의 평신도들이 부를 얻고 그에 따라 사회적 지위도 상승했습니다. 여기에 더해 성직자들은 더 많은 교육을 받았습니다. 이런 현상과 함께 예배는 진정되고 차분해졌으며, 좀 더 정교해지고 행동이 절제되었습니다. 20세기 초의 감리교인들의 예배 모습은 단정하고 잘 정돈되어 있으며 격식이 있었습니다. 모두가 제 자리에 앉아 예배를 드렸으며, 일어나 있을지언정 쓰러지지는 않았습니다. 그리고 춤을 추지도, 손을 들지도 않았습니다.

당시 훨씬 적은 수의 회중이 참가한 동일한 유형의 예배들 또한 참석한 예배자들은 옷을 잘 갖춰 입었고, 모든 것이 품위 있게 이루어졌습니다. 사람들은 제자리에 앉아서 가운을 입은 찬양대원들을 따라 찬송을 부르고, 설교자 역시 가운을 걸쳤으며, 예배는 순서에 따라 질서 정연하고 위엄 있게 진행되었습니다. 이 사진에서 보이는 격식과 위엄은 앞서 보여 드렸던 초기 감리교 예배에서는 볼 수 없던 것입니다. 그러나 나중의 감리교 예배에서는 격식과 위엄이 보입니다.

상반되는 모습이지만 양쪽의 예배 형식 모두 마음에 강조점을 둡니다. 다만 교육을 받고 사회적 지위가 있는 사람들의 교회는 좀 더 품위 있게 예배를 드렸습니다.

물론 열정적인 예배의 모습이 완전히 사라진 것은 아닙니다. 20세기 초 '오순절 운동'이라는 새로운 예배 전통이 출현해 열정을 표현하는 예배가 회복되었습니다. 오순절파는 예배에서 다양하게 표현했으며, 이전에 보았던 초기 감리교인들의 모습과 아주 다른 것은 아니었습니다. 오순절 교회에서 현재 자주 볼 수 있는 모습을 감리교인들 가운데서도 볼 수 있었습니다. 다만 이들의 사회적 지위가 좀 더 올라가고 부유해지며, 성직자들이 더 많이 교육을 받게 되자, 이들의 예배도 시간이 흐르면서 진정되고 부드러워졌습니다.

한두 개의 대표적인 인용문을 제시하고자 합니다. 첫 번째로 제시하는 것은 퀘이커교 신학자인 로버트 바클레이(Robert Barclay, 1648~1690)의 글입니다. 현재 우리가 다루는 시기보다 조금 앞선 1678년에 쓴 글입니다. 그의 글은 17세기 말뿐만 아니라 18, 19세기에도 여전히 적용됩니다. 이 인용문을 통해 여러분은 그가 무엇을 강조했는지 볼 수 있습니다. 바클레이는 다음과 같이 썼습니다.

"하나님께 드리는 모든 참되고 받아들여지는 예배는 그의 성령의 내적이며 즉각적인 움직임과 이끌림을 통해 드려집니다."

예배자의 내면을 강조한 것에 주목하십시오. 장소나 시간, 사람에 제한이 없는 것은 아닙니다. 인용문을 계속 보면, 그는 진정한 세례란 물세례가 아니라 마음속에서 내적으로 일어나는 세례라고 말합니다.

그리고 진정한 성찬은 음식을 먹으며 받는 게 아니며, 예수 그리스도와의 진정한 교감은 내적인 것이라고 말합니다. 바클레이의 글 바탕에는 하나님 아버지가 원하시는 예배자는 영과 진리로 예배하는 사람이라는 요한복음의 구절이 있습니다. 바클레이를 비롯한 퀘이커 교도들에게 영과 진리로 드리는 예배란 당연히 내적으로 드리는 예배 또는 마음으로 드리는 예배를 의미합니다.

나머지 글도 마저 살펴보겠습니다.

"그리고 이 세례는 순수하고 영적인 것으로, 너 정확히 말하면, 성과 불의 세례를 통해 우리는 그분과 함께 죽어 묻히고, 우리의 죄를 씻고 몰아냅니다. 새로운 삶으로 들어가는 것입니다 …… 예수 그리스도의 몸과 피의 성찬은 내적이고 영적인 것으로, 그분의 살과 피를 나누는 것이지만 속사람은 예수 그리스도가 거하시는 마음 안에서 날마다 양분을 공급받습니다. 예수 그리스도가 제자들과 함께 그분의 상징인 빵을 떼는 것은 하나의 상징입니다. 그 빵을 받은 그들이 교회에서 약한 사람들을 위해 임시로 그것을 이용했다 해도 말입니다. …"

바클레이가 말하고자 하는 것은, 1세기 교회에서 처음 몇십 년간 이런 외적인 일들이 있었지만, 결국 1세기의 그리스도인들은 그것을 바꿔 모든 진정한 예배는 내적으로 이루어졌다는 것입니다. 다시 말해, 바클레이는 퀘이커 교도들의 예배 접근법을 지지하기 위해서 초대 교회의 예배 해석을 활용하고 있습니다.

예배를 평가하는 한 요소로서 숫자들 더욱 강조하는 멋진 인용문이 있습니다. 미국 감리교의 초대 감독 중 한 명인 프랜시스 애즈베리(Francis Asbury, 1745~1816)의 글입니다. 그는 사람들이 여러 날 동안 야영하면서 여는 야외 집회라는 특별한 예배 환경을 옹호하고 있습니다. 이것은 여러 날 동안 온종일 예배를 드리는 집회입니다. 애즈베리의 다음 말에 주목하시기 바랍니다.

"캠프 모임은 한 번도 실패한 적이 없었습니다('성공'이라는 단어가 얼마나 숫자에 중점을 두고 있는지 주목하시기 바랍니다.). 이렇게 많은 하나님의 백성을 모아 기도하고, 목회자들이 설교하고, 그들이 오래 머물수록 일반적으로 더 좋은 결과를 얻을 수 있습니다. 이것은 현장 전투이며, 큰 그물로 낚시하는 것과 같습니다."

숫자를 강조하는 것에 주목하시기 바랍니다. 그리고 더 많은 수의 사람들을 끌어들이기 위한 방법들을 얼마나 지지하는지 주목할 필요가 있습니다. 이처럼 숫자를 강조하는 현상은 그 시기에 널리 퍼졌던 철학적, 과학적 추세에 따른 것이었습니다. 그래서 저는 결코 그리스도인이 아니었던 임마누엘 칸트(Immanuel Kant, 1724-1804)의 글 일부를 인용하고 싶습니다. 그는 계몽주의 철학자였습니다. 그가 이렇게 썼습니다.

"실제로 세 종류의 미혹시키는 믿음(즉, 거짓 믿음)이 있습니다. 그것은 이성의 법칙에 따르면 이론적이거나 실제적인 대상이 아닌, 초자연적 현상 쪽으로 우리의 이성이 경계를 넘도록 영향을 미칩니다."

칸트는 초자연적 현상을 좋아하지 않았습니다. 그는 계속 말합니다. "이런 종류 중 하나가 그저 자연적 의미로 신비스런 효과를, 다시 말해 도덕성에 신의 영향력을 불러올 수 있는 것에 대한 환상입니다. 이것이 은혜를 매개로 하는 믿음입니다."

다시 말해, 칸트는 세례와 성찬의 의미가 그저 물질적인 것에 불과하다고 주장하고 있습니다. 우리가 세례 또는 성찬을 받을 때, 심지어 기도할 때조차 하나님을 경험하는 일이 없다고 주장하는 것입니다. 칸트가 기도를 얼마나 평가 절하하는지 보십시오.

"하나님께 대한 내적인 예배이고 따라서 은혜의 한 수단이라 여기는 기도는 미신과 같은 착각입니다."

칸트는 우리가 사는 세상은 어떤 종류든 하나님이 거하신다는 세상과는 완전히 분리되어 있다고 생각했습니다. 따라서 그는 예배자의 기도를 하나님이 실제로 들으실 수가 없다고 생각했습니다. 칸트의 입장은 계몽주의의 극단적인 것에 해당하기는 했지만, 다른 많은 사람들이 그와 동일하게 생각했습니다. 이런 견해와 함께 예배는 기껏해야 사람들을 좀 더 도덕적이고 교양 있는 존재로 만드는 데 도움을 주는 것으로 여겨졌습니다.

계속 정교해지는 감리교 예배 순서와 관련해 예를 들어보겠습니다. 감리교 예배 순서를 보면 부와 사회적 지위가 예배 순서를 복잡하게 만들도록 얼마나 영향을 미쳤는지 알 수 있을 것입니다. 세월이 흐르면서 찬양대와 오르간, 성가와 악기 같은 것들이 매우 중요해졌습니다. 왼쪽의 두 칸에는 초기 감리교의 간단한 예배 순서가 있습니다. 기본적으로 초기 감리교인들은 기도하고 찬송을 부른 뒤 설교를 들은 다음 사람들을 믿음으로 초청했습니다.

이에 반해, 1905년의 예배 순서를 보시면, 예배 전 오르간 독주곡이 있고 사도신경 같은 정해진 형식들이 있었습니다. 또한 찬양대가 성가를 불렀습니다. '아버지께 영광'이라는 뜻의 라틴어 'Gloria Patri'라는 기본 곡이었습니다. 이 곡은 "성부와 성자와 성령님께 영광"이라는 가사로 시작됩니다. 1932년의 성가집은 이 예배 순서를 더욱 복잡하게 만들었습니다. 오르간과 성가대에 초점을 맞추었고, 회중이 노래하든, 함께 말하든, 정해진 형식들에 초점을 맞추었습니다. 대체로 1932년의 예배 순서는 19세기 후반에서 20세기 초 예배의 특성을 보여 줍니다. 앞에서 언급했듯이, 이러한 예배 접근법이 선교사들에 의해 해외로 전파되었습니다.

음악과 설교, 기도에 대해 간단히 살펴보겠습니다. 음악과 관련해서는 운율 있는 시편에서 풍부한 찬송가로 넘어갔습니다. 이 시기의 주요 변화 중 하나는 운율 있는 시편에서 실제적인 찬양 가사로 이동했다는 점입니다. 중요한 찬송가 작사가에게서 예를 한두 개 들어보겠습니다. 그의 이름은 아이작 왓츠(Isaac Watts, 1674~1748)입니다. 그의 작품을 통해서 앞에서 말한 변화를 직접 확인할 수 있습니다.

"주여 주는 대대에 우리의 거처가 되셨나이다 산이 생기기 전, 땅과

세계도 주께서 조성하시기 전 곧 영원부터 영원까지 주는 하나님이시니이다"(시 90:1-2)

왓츠는 이 시편 90편의 구절에서 기본 아이디어와 언어를 취해 새롭게 고쳐 써서 새로운 찬송가를 썼습니다. 왓츠가 쓴 가사를 보시기 바랍니다.

"우리 하나님은 예전에도 우리의 도움이셨고, 미래에도 우리의 희망이시나. 역사가 시작될 때부터 우리의 피난처이자 영원한 거처이십니다."

그는 시편의 원래 문구에서 많이 달라진 찬송 가사들을 썼습니다. 원래의 시편에서 더욱 나아간 왓츠의 찬송가 가사의 두 번째 예를 보여 드리겠습니다. 그의 사례를 시작으로 영어로 많은 찬송가 가사들이 쓰였습니다. 시편 72편을 읽어 보겠습니다.

"하나님이여 주의 판단력을 왕에게 주시고 주의 공의를 왕의 아들에게 주소서 그가 주의 백성을 공의로 재판하며 주의 가난한 자를 정의로 재판하리니 의로 말미암아 산들이 백성에게 평강을 주며 작은 산들도 그리하리로다."(시 72:1-2)

이것이 시편 원문입니다. 왓츠는 이를 바탕으로 해서 예수님에 대한 찬송 가사를 썼습니다.

"예수님은 해가 찬란하게 지나가는 어디든 다스리십니다."

시편 원문에는 예수님의 이름이 전혀 언급되지 않습니다. 그러나 왓츠는 이 시편 구절에 기초한 성가를 예수님에 관한 것으로 만듭니다. 이런 식으로 왓츠는 찬송가 작사가 발전하도록 중요한 다리를 놓았습니다. 왓츠 이후로 찬송가 작사가들은 더 이상 시편에서부터 시작하지 않았습니다. 당시의 시대 분위기를 생각하면 당연하게 그들 자신의 마음에서 우러난 아이디어로 가사를 썼습니다. 역사상 왓츠 이후로, 시편이 아닌 찬송가는 이후 18세기와 19세기, 심지어 현재까지도 많은 부분 회중 찬양의 중요 형태가 되었습니다. 이 시기 음악에서 또 하나의 중요한 요소는 찬양대의 확산과 그에 따라 단계에 따른, 즉, 연령별로 나눈 찬양대 음악 프로그램이었습니다. 이런 찬양대의 확산이 음악적 변화의 두 번째 요소였습니다.

마지막으로, 이 시기에 많은 개신교인들 가운데서 예배가 구술 문화에서 문자 문화로 이동했고, 이것이 회중이 함께 찬양하는 것에도 영향을 미쳤습니다. 사람들이 손에 찬송가집이나 악보를 들기 전에는, 구술 문화에서는 찬양 인도자가 한 절씩 찬송을 부르면 회중이 한 절씩 따라 불렀습니다. 그러나 회중은 전체 가사를 손에 쥐게 되자 현재 우리에게 익숙한 방식으로 찬송 전체를 불렀습니다. 다시 말해, 한 절씩 인도자를 따라 부르지 않고 전체 곡을 처음부터 끝까지 계속 불렀습니다.

설교에서는 어떤 일이 생겼을까요? 목사의 중요한 책임으로서 설교는 계속 강조되었습니다. 또한 목사들을 위해 성경을 다루는 능력에 초점을 맞춘 교육도 증가했습니다. 실제로 설교 방법은 성경 구절 하나하나, 때로는 단어 하나하나 죽 살피는 주해에 가까운 설명에서부터 개종을 위한 감정적인 호소까지 다양합니다. 개종을 위한 감정적인 호소를 위해 설교자는 기본 아이디어를 취한 다음, 사람들을 예수 그리스도께로 나아오도록 설득할 방법을 생각해 냈습니다.

넷째, 시대적으로 마음에 초점을 두었으므로, 예배 순서에 특별한 음악을 또는 설교 전에 바로 찬송가를 넣는 일이 많아졌습니다. 사람들이 음악을 먼저 들으면 마음이 부드러워져 설교를 더 잘 듣게 된다는 점을 설교자들이 알게 되었습니다.

기도에는 어떤 일이 일어났을까요? 기도와 관련해 이전에 보았던 현상들이 계속됩니다. 예배 중 기도와 관련해 일반적으로 세 가지 접근법이 있습니다. 기도집을 계속 사용하거나(이 접근법은 로마 가톨릭 교회에 해당하지만 일부 개신교인들에게도 적용됩니다.) 기도법에 대한 일반 안내서에 의존하거나 일부 개신교인들은 준비 없이 즉석에서 하는 기도만 했습니다. 시대적으로 마음을 점점 더 강조하자 이런 즉흥적인 기도가 강화되었습니다. 어떤 이들은 여전히 기도를 은근히 권고하는 데 이용했습니다. 이처럼 사람들에게 간접적으로 권고하는 형태로 기도를 이용하는 것은 교회가 예배를 도구로 또는 사람들에게 영향을 미치는 망치로 여기는 한 거의 불가피했습니다. 어떤 목사들은 심지어 기도를 예배자들에게 설교하는 일종의 두 번째 설교 방식으로 이용하고자 했습니다.

이 시기에 기도와 관련해 새로운 점은 기도문을 모두가 일제히 읽을 수 있도록 예배자들의 손에 주었다는 것입니다. 물론, 영국 성공회나 루터파와 같이 일부 개신교인들은 이전에도 그렇게 했지만, 이 시기에 이처럼 한꺼번에 같이 기도하는 관행은, 많은 개신교인들이 예배서나 주보를 들고 다니게 되면서 더 많은 개신교인들에게로 폭넓게 확산되었습니다.

이 시기는 오늘날 예배 유전자에 어떻게 기여했을까요? 여러 면에서 영향을 미쳤습니다.

먼저, 예배에 대해서, 특히 이른바 전통적 예배에 대해서 찬송을 부르고 찬송가 악보집과 찬양대가 있는 것을 기대하도록 영향을 미쳤습니다. 많은 사람들이 예배에서 이런 요소들을 주로 기대하게 되었습니다. 많은 그리스도인들에게 찬송과 찬양집, 찬양대가 곧 주일의 모습을 의미했습니다.

둘째, 이 시기는 성직자가 가운을 걸치고 평신도들이 잘 차려입는 것이 적절한 예의라는, 곧 어느 정도 품위 있게 행동하는 것이라는 생각을 굳히는 데 영향을 미쳤습니다. 이러한 관점은 많이 교육받고 부를 얻고 사회적 지위가 올라간 사람들에게 특히 중요했습니다.

셋째, 예배자들에게 예배 순서지 또는 주보를 인쇄해 나눠주는 것

또한 표준이 되었습니다. 일례로 제가 다니는 교회의 사람들은 주보를 받는 게 익숙해져서 주보를 제공하지 않으면 무슨 일이 있는 게 아닌지 의아해합니다. 이처럼 예배자들이 예배 순서 전체를 알고 싶어 합니다. 이전의 예배자들은 예배 순서가 적힌 인쇄물을 받을 것을 기대하지 않았습니다.

또 다른 기여는 예배자들의 마음을 만지는 예배에 대한 관심입니다. 이런 관심은 예배를 수단으로 여기는 관점이 계속된 결과입니다.

다섯째 기여는, 수 세기 동안 드문 성찬이 역사적으로 정상적이라는 믿음을 강화하는 데 기여했다는 점입니다. 마시막으로, 제가 이미 언급했듯이 오늘날 전 세계의 예배는 이 250년의 기간 동안 발전한 예배의 영향을 받았습니다. 흔히 '전통적 예배'라고 부르는 예배 형식은 19세기 말과 20세기 초 유럽과 북아메리카의 선교사들이 세계에 전한 예배 형식입니다.

이 시기에 생겨난 문제들로 지금도 우리에게 시의성 있는 것들이 여럿 있습니다.

첫째는 전통적 예배라는 것과 관련 있습니다. 여기서 제가 전통적인 예배라고 부르는 것은 현대적 예배 또는 일부 사람들이 '찬양과 예배'라 부르는 것과 다른 것을 의미합니다. 현재도 문제가 되는 것은 이것입니다. 즉 '전통적' 예배란 역사가 길지 않은데 형식면에서 전통적이라는 의미일까요? 기독교 예배의 긴 역사를 살펴보았듯이 '전통적 예배'의 전부가 반드시 전통적인 것은 아닙니다. 역설적으로, 우리가 종종 '전통적' 예배라 부르는 것은 단지 최근 100년 또는 150년 동안 발전한 형태입니다. 이번 장 앞에서 보았듯이 감리교나 침례교만 해도 그들의 교인들이 교육과 부를 통해 사회적 지위를 얻기까지는 완전히 다른 방식으로 예배를 드렸습니다. 따라서 전통적 예배를 실은 오래된 것이 아닌데도 '전통적'이라 부르는 것이 정당할까요? 이것이 현재도 유의미한 첫 번째 의문입니다.

두 번째 시의성 있는 문제들은 '무엇으로 예배 방식을 인정할까요?' '증가한 숫자일까요?' 등입니다. 어떤 사람들은 예배 참석자의 수든, 예수 그리스도께로 회심하는 사람들의 수든, 숫자를 크게 늘리는 데 효과적이라면 예배 때 말 그대로 무엇이든 할 수 있다고 생각합니다. 어쩌면 여러분은 숫자를 기본으로 여기는 곳에 속해 있을 수도 있습니다. 아니면 예배자들의 수가 많든 적든 상관없이 사람들의 마음을 얼마나 깊이 만지는가가 예배 방식을 인정하는 것일까요? 예를 들면 어떤 퀘이커 교도들은 회중이 많이 모이는 것이나 사람들에게 인기 있는 것에 크게 관심이 없었습니다. 그들은 개인의 삶과 마음속의 영적 상태를 얼마나 깊이 만지는가에 더욱 관심을 가졌습니다. 무엇이 예배 방식을 인정하는 것일까요? 이것이 현재도 제기할 수 있는 문제입니다.

세 번째 문제에는 예배에서 가장 중요한 동력이 포함됩니다. 예배에서 가장 중요한 동력은 인지 능력일까요? 아니면, 감정일까요? 계몽주의는 우리가 지성으로 이해한다고 말함으로써 인지 능력을 강조하게 만들었습니다. 반면에 마음을 강조하는 집단은 더욱 중요한 것으로서 감정에 초점을 맞춥니다. 이런 갈등은 이 250년의 기간 동안 침례교인이나 감리교인을 비롯한 여러 집단들의 변천 과정을 특징짓는 한 방법이기도 합니다. 그들은 이 시기 초반에는 감정을 강조했었는데, 성직자들이 교육을 많이 받고 신도들의 사회적 지위가 올라가면서 인지 능력을 좀 더 강조하는 경향으로 바뀌었습니다.

제 8 장

20세기 후반

제8장
20세기 후반

    오늘의 예배에 이르는 여정을 묵상해온 지난 8장 중 마지막에 이르렀습니다. 오늘날 우리가 보는 예배는 어떤 형식을 띠게 되었는지 궁금합니다.

    첫 장에서 다루었던 매우 다른 예배 방식들은 매우 다른 역사를 보여 준다는 사실을 알고 계실 것입니다. 제가 강조하고자 했던 것 하나는 이 두 예배 방식이 얼핏 보기에는 매우 달라 보이지만 사실은 공통된 유산을 물려받았다는 점입니다. 우리는 여러분의 예배 방식이 어떻게 지금의 예배와 같은 모습을 띠게 되었을까에 대한 답을 찾아보려고 노력했습니다.

    마지막 장에서는 20세기의 후반부, 즉 1940-50년쯤에서 시작해 현재까지를 살펴볼 것입니다. 현재 우리가 시간표상 어디에 있는지 볼 수 있습니다. 지금 우리는 맨 끝에 있습니다. 이미 말씀드렸듯이, 참고로 우리는 2차 세계대전의 끝, 즉 20세기 중간에서부터 오늘날까지를 볼 것입니다.

이 마지막 반세기의 특징을 규정한다면, 두 번의 예배 혁명 시기라고 하겠습니다. 만일 여러분이 어떤 일이 한창 진행 중인 가운데 있고 그 일속에 완전히 잡혀 있다면, 어떤 변화가 일어나고 있는지 분명히 알지 못할 수 있습니다. 그러나 특히 1960년대 이후 두 개의 비슷한 예배 혁명의 결과로 큰 변화가 일어났습니다.

그러면 무엇이 변했고, 왜 그렇게 변했는지 생각해보겠습니다. 무엇이 변했는지 살펴보기 전에 먼저 '왜'라는 질문을 해보겠습니다. 우리가 '왜'라고 질문할 수 있는 것은, 두 번의 예배 혁명을 목격했고, 그 각각이 우리에게 영향을 미쳤기 때문입니다. '예전 운동(Liturgical Movement)'이 그중 하나입니다. 이 운동은 19세기에 처음 시작되었다가 20세기 초에 세력을 얻었습니다. 그러다가 20세기 중반에 최고에 달해 많은 영향을 끼쳤습니다. 정말 많은 교파를 초월해 큰 영향을 미쳤습니다.

'예전 운동'은 로마 가톨릭교회 내에서 시작되었지만, 얼마 지나지 않아 루터교, 영국 성공회(Anglican), 성공회(Episcopal) 그리고 감리교와 장로교까지, 인정된 많은 개신교 교파의 사람들이 이 운동의 영향력을 깨닫고 그것을 통한 변화들을 받아들였습니다. '예전 운동' 뒤에 담겨 있는 기본 비전은 화면에 적혀 있습니다. 이 운동은 첫 4세기의 예배를 회복함으로써 오늘날 예배에 활기를 불어넣고자 했습니다. '예전 운동'의 비전은 첫 4세기의 일들을 단지 멀리서 관찰하고 복제하기 위해 박물관에 가는 것이 아니었습니다. 대신 고대의 감성과 관행들을 찾아 오늘날 예배로 가져오고, 오늘날에 맞게 조정하기를 원했습니다. 이것이 두 개의 예배 혁명 가운데 첫 번째입니다.

두 번째 혁명을 저는 '현대 찬양과 예배 운동(Contemporary Praise and Worship Movement)'이라 부를 것입니다. 이 두 번째 운동은 사실 1980년대 말과 1990년대 초 이전에 있었던 두 개의 다른 종류 예배 운동들의 종합입니다. 그래서 저는 1980년대에 대해 강의하면서 예배 혁명을 단지 세 개가 아닌 두 개로 다룰 것입니다. 1980년대 후반과 1990년대에 '찬양과 예배(Praise and Worship)'와 '현대 예배(Contemporary Worship)'를 하나의 융합된 현상으로 생각하는 게 제일 좋기 때문입니다. 따라서 '현대 찬양과 예배 운동'이라고 말할 것입니다. 두 가지 흐름이 이 융합에 각각 기여했습니다. 마치 두 개의 강이 합류하여 하나의 새로운 강을 이룬 것과 같습니다. 이전 두 개의 강에서부터 물과 침전물이 새로운 강으로 합쳐집니다. 이와 마찬가지로 '현대 찬양과 예배 운동'은, 이전 운동들이 갖고 있던 각각의 기본 동기와 아이디어를 가지고 왔습니다.

'찬양과 예배'에서 이 아이디어는 하나님의 임재를 경험하는 방법으로 찬양을 강조한 것이었습니다. 이것은 초기 '찬양과 예배 운동'의 지배적인 생각이었습니다. '현대 예배'에는 이것과는 아주 다른 종류의 감성이 있었습니다. 찬양의 강조는 예배와 현대인들과 현대 문화 사이에 있는 틈에 다리를 놓는 것과 같았습니다. 원래의 '현대 예배' 운동에는 사람들이 누구인지, 무엇에 관심이 있는지, 그리고 자신을 표현하는 방식과 오래된 예배 형식 사이에 격차가 있다는 생각과 관련하여 더 많은 불안과 두려움이 있었습니다. 따라서 교회들은 이 틈을 연결할 다리를 놓기 위해 고심했습니다. 1990년대 이래 이 두 가지 감성이 광범위하게 드러났습니다.

'찬양과 예배'와 '현대 예배'의 융합은 1980년대 후반에서 1990년대에 일어났습니다. 이 두 개의 운동은 이제 공동의 인프라를 공유하고 있습니다. 공동의 찬양집이 있고, 현대적인 찬양과 예배를 드리는 데 필요한 기술에 대한 공통된 이해가 있으며, 이런 예배 방식을 지원하기 위해 공유된 관심사가 있습니다. 여러분이 속한 곳과 특정한 상황에 따라서 현대 예배를 지칭하는 익숙한 용어가 있을 수 있습니다. 그것은 '찬양과 예배'일 수도, '예배와 찬양'일 수도 있습니다. 그럼에도 제가 '현대 찬양과 예배 운동'에서 말하고자 하는 것은, 길어진 회중 찬양과 특히 밴드를 곁들인 대중적 음악 형식, 특별한 격식이 없는 예배 방식입니다. 일반적으로 이런 것들이 1990년대 융합 이후의 '현대 찬양과 예배'의 공통된 특성입니다.

각기 논리와 추진력이 있었던 두 번의 예배 혁명으로 무엇이 변했을까요? 두 번의 예배 운동이 무엇을 초래했을까요? '예전 운동'으로 초래된 변화들을 우리는 확인할 수 있습니다. 가장 큰 변화 중 하나는 새로워진 예배 순서에 따라 예배서들 전부가 수정된 점입니다. 수년간에 걸쳐, 예배 운동의 영향을 받은 대부분의 교회와 교파들은 새로운 예배 순서를 전제로 한 새로운 공식 예배서를 발표했습니다.

이것은 로마 가톨릭교회로서는 새로운 예배 순서가 아니었지만, '예전 운동'에 영향을 받은 많은 개신교 교회들에게는 새로운 것이었습니다. '예전 운동'으로 활성화된 예배 순서에는 네 개의 주요 요소가 포함됩니다.

첫째, 모임과 둘째, 설교에 뒤이은 긴 시간의 성경 낭독, 셋째, 회중이 사도신경을 암송하고 중보기도하고, 헌금하고, 떡과 포도주를 받는 동안의 성찬, 또는 '성찬식'('예전 운동'은 매주 성찬을 강조합니다. 이것이 개신교인들에게 미친 중요한 영향입니다), 넷째, 마지막으로, 성찬식 이후 파송입니다.

'예전 운동'에 속한 교회들은 새로운 예배 요소와 예배 순서를 가졌습니다. '예전 운동'에는 또한, 성경의 독자로서 또는 실제로 기도를 이끄는 사람들로서 평신도들의 참여를 강조하는 새로운 움직임도 있었습니다. 예배의 역사에서 오래 지속된 양상 중의 하나가 평신도들을 더욱 수동적이고 조용히 있게 만드는 추세였다는 사실을 기억할 것입니다. 평신도들은 할 일이, 말할 일이 점점 줄었습니다. 물론 20세기 동안 평신도를 좀 더 적극적이고 열심히 참여하게끔 하려고 했던 적도 있었습니다.

'예전 운동'은 예배에서 평신도들이 갖는 중요한 역할을 회복시키려고 했습니다. 실제로 이런 회복 운동은 평신도들에게 새 역할을 부여했습니다. 일례로, 미국에서는 '예전 운동'의 영향을 받은 교회에 가면 그날의 성경 구절을 목사가 읽지 않는 게 꽤 흔합니다. 평신도가 앞으로 나와, 성경 구절을 읽고 기도를 인도하면서 예배 순서를 이끕니다.

'예전 운동'은 또한 예배에서 사용하는 언어를 새롭게 하는 것에도 관심을 가졌습니다. 이런 언어 갱신은 '예전 운동'이 초기에 벌인 큰 노력 중 하나였습니다. 로마 가톨릭교회에서 이런 언어 갱신 노력은 대단히 획기적이었습니다. 매우 짧은 기간에 회중은 예배의 주요 언어였던 라틴어 대신 자신들의 토착어로 예배를 드리게 되었습니다. 개신교, 특히 영어권의 개신교 교회에서는 이미 회중이 사용하는 토착어로 예배를 드리고 있었습니다. 이 운동을 통해 개신교인들은 예배 언어를 당시에 실제로 사용하는 언어에 맞추었습니다.

넷째, 그리스도인의 삶의 중심으로서 성례를 새롭게 강조하게 되었습니다. 기독교 예배의 중심인 세례가 한 번 또는 의무적으로 해야 하는 것이 아니라, 기독교 영성의 중심으로서 교파를 초월해 많은 곳에서 강조되었습니다. 이제 '예전 운동'의 영향을 받은 교회들은 '세례'를 그리스도인이 된다는 것의 의미를 이해하기 위한 하나의 방식으로 보았습니다. 세례를 통해 예수 그리스도와 함께 죽고 예수 그리스도와 함께 새로 태어나 날마다 새로운 삶을 산다는 개념을 갖게 되었습니다. 이처럼 성례를 강조하는 것과 관련해 두 번째로 나타난 양상은, 성만찬을 주일 예배의 절정으로서 강조한 것입니다. 이것은 로마 가톨릭교회에서는, '예전 운동'을 수용한 많은 개신교에서처럼 새로운 현상이 아니었습니다.

다섯째, 일반 사람들에게 관심을 갖는 '예전 운동'은 새로운 찬송들에 관심을 유발하는 데 도움이 되는 새로운 악기들을 도입했습니다. 또한 정해진 순서를 위한 새로운 음악 무대도 만들었습니다. 그곳엔 일반적으로 오랫동안 불러왔었던 예전 곡들이 있었다는 사실도 기억하셔야 합니다. 이전의 내용들을 떠올리면 중세에 시작되었다는 것을 알 수 있을 것입니다. '예전 운동'으로 이런 형식이 새롭게 부활했고 새로운 악기가 사용되었습니다. 일례로 저는 1960년대에 십대 시절을 보낸 한 여성을 인터뷰했습니다. 그녀는 십대 때 로마 가톨릭교회 예배에서 기타 연주를 해달라는 요청을 받았다고 했습니다. 이전에는 가톨릭 예배에서 기타가 사용된 것을 거의 보지 못했을 것입니다. 1960년대 이후 예배 때 기타를 사용하는 일은 아주 흔해졌습니다.

마지막으로, '예전 운동'과 함께 공통의 교회력 또한 강조되었습니다. 해를 주기로 하는 1년의 시간표를 핵심으로 했습니다. 우리가 4세기에 보았던 것과 동일한 것이었습니다. '예전 운동'은, 특히 하나님의 사람들에게 1년 동안 들은 성경 구절들을 제공한다는 면에서 교회력이 유용하다고 주장했습니다. 마찬가지로, 공 예배 때 읽는 성경 일정표인 '공동 성서 일과(Common Lectionary)' 역시 활성화했습니다. 적어도 미국에서 가장 많이 쓰이는 공동 성서 일과는 3년 주기로 된 것이었습니다. 이 3년 동안 마태복음과 마가복음, 누가복음 읽기를 강조했습니다. 1년 동안 교회들은 주로 마태복음을 낭독합니다. 그다음 해에는 마가복음을 낭독할 것입니다. 공동 성서 일과는 또한 구약 성경과 신약 성경의 서신서도 3년에 걸쳐 폭넓게 낭독했으며, 매 주일 다양하게 낭독했습니다.

'현대 찬양과 예배 운동'을 살펴보고, 그로 인해 무엇이 변했는지 생각해보겠습니다. 변한 것 중의 하나는, 예배 공간에서 음악가들이 중심에 있게 되었다는 점입니다. 이 운동으로 인해 연주자들과 노래 부르는 가수들이 보통 전면 중앙에, 강단이 있다면 그곳에 서게 되었습니다. 이런 변화와 함께 회중이 긴 시간 찬양을 하면서 예배가 시작되었습니다. 어떤 경우는 이 회중 찬양 시간이 놀라울 정도로 깁니다. 제게는 예배 초반에, 서두른다는 느낌 없이 거의 한 시간 동안 지속되는 회중 찬양을 녹음한 자료들도 있습니다.

이처럼 찬양을 서둘러 끝내려 하지 않는 것은 '현대 찬양과 예배 운동'의 세 번째 영향과 관련 있습니다. 즉 이 운동은 하나님을 찬양하는 것을 강조합니다. 앞서 제가 '찬양과 예배 운동'에 대해 언급한 사항을 기억하실 것입니다. 즉 찬양은 하나님의 임재와 연결된다는 견해를 강조했습니다. 결국, '찬양과 예배 운동'을 시작한 사람들은 하나님을 찬양하는 시간을 늘리길 원했는데, 특히 찬양을 통해서 사람들은 하나님의 임재 안에 있음을 느꼈기 때문입니다.

찬양을 통해 하나님의 임재를 경험한 사람들은 이어서 하나님을 예배하게 됩니다. 이처럼 찬양에서 예배로 이어지는 행동에서 '찬양과 예배'라는 용어가 나왔습니다. 이 운동은 또한 인기 있는 형식에 따라 음악을 만드는 것을 강조했습니다. 이것도 일부는 이전의 '찬양과 예배 운동'에서 온 것입니다. 그러나 예배에서 인기 있는 음악 형식을 따르는 큰 부분은 '현대 예배 운동'에서 왔습니다. 후자의 지지자들은 회중이 현대 문화와 현대인들 사이의 간극을 메울 수 있는 중요한 방법 중 하나가 대중 장르의 예배에서 음악을 만드는 것이라고 생각했습니다.

'현대 찬양과 예배 운동'에서는 점점 더 격식을 차리지 않게 되었습니다. 사람들은 옷차림에서 격식에 구애받지 않았습니다. 심지어 예배에서 의식과 절차를 줄였습니다. 많은 교회에서 지도자들의 말투가 실제 대화체가 되었습니다. '현대 찬양과 예배 운동'이 초래한 또 다른 변화는 신체적 표현이 증가했다는 점입니다. 예배자들이 찬양 중에 온 몸을 자유롭게 움직였는데, 특히 손을 들고 찬양하는 것은 세계적인 몸짓이 되었습니다. 또한 이 운동으로 사람들의 삶과의 관련성에 대한 관심과 과학기술 사용이 증가했습니다. 이 여덟 가지 요소가 '현대 찬양과 예배 운동'으로 인해 변한 것들입니다.

'예전 운동'의 주창자들이 새로운 책들을 썼는데, 그중에 이 책은 일종의 고전이 되었습니다. 제목은 "강력하고 사랑하며 지혜롭게: 예전 인도하기(Strong, Loving, and Wise: Presiding in Liturgy)"입니다. 이 책은 지침서이자 해설서로, 사람들이 은혜를 경험하도록 예배를 잘 인도하는 방법을 목사들에게 알려 주는 책입니다. 다시 말해, '예전 운동'이 예배 인도의 의미를 보는 방식에서 '성직자가 사람들에게'라는 동력이 절대적으로 중요해졌습니다. 이 새로운 시각은 사제의 역할이 사실상 사람들과 아무 관계없었던 중세 후기와는 대조적입니다. 중세 후기의 사제들은 사람들에게 등을 보인 채 그들이 이해하지 못하는 언어로 말했습니다. 사제들의 태도가 우아하거나 그렇지 않거나 상관이 없었습니다. '예전 운동''이 말하고자 한 것은 이렇습니다. 즉, "예배를 옛 방식으로 이끌지 마십시오. 이 새로운 방식으로 예배를 인도하십시오."입니다. 책 표지 사진은 실제로 '예전 운동'에서 회중에 있던 사람의 시각을 보여 줍니다. 예배자들은 이제 성직자의 등이 아니라 얼굴을 보게 되었습니다.

그 책은 예전 운동의 한 가지 모습을 보여 주는 것이었습니다. 또 다른 모습은 건축에서 찾을 수 있습니다. 예전 운동이 원하고, 좋아하고, 모든 교회에 재현하고 싶었던 건축 공간입니다. 원형 디자인과 교인들이 서로를 잘 볼 수 있도록 만들었습니다. 목사는 높고 높은 자리에 있지 않고 사람들과 같은 높이에 있게 배치했는데, 이 높이는 예배에는 공동의 활동이 있다는 생각에 크게 기반을 두고 있습니다. 평신도와 성직자는 각각의 역할이 있지만, 그 역할은 전체 교회의 공동 활동인 예배에 필요한 일을 수행하기 위한 역할에 불과합니다.

또한 명확한 창문을 주목할 필요가 있습니다. 이 공간은 교회가 하나님의 존재를 관찰하거나 경험하기 위해 스테인드글라스 창문이 필요하지 않다는 생각을 담고 있습니다. 왜냐하면 창조된 세계 자체가 그 역할을 제공했기 때문입니다. 제단이 제단처럼 보이지 않고 단순히 탁자처럼 보였다는 점도 주목하시기 바랍니다. 바로 그곳에 작은 강단이 있었습니다. 앞쪽에는 세례대가 있었습니다. 예전 운동에서 세례가 강조된 것에 대해 제가 말한 것을 기억하시기 바랍니다. 특정 교파에 관계없이, 예전 운동의 영향을 받기 전의 이 교회는 소량의 물, 아마도 세례를 받는 사람의 손에 조금 뿌리는 정도만 사용하여 세례를 행했을 가능성이 높습니다. 반면 이런 공간에서는 교회가 앞쪽에 보이는 침례탕에서 전신 침수 세례를 진행합니다. 상단 분수대에서 하단 분수대로 물이 흐르는 구조입니다. 이 건축물 자체는 침례의 중요성이 점점 더 강조되고 있음을 상징합니다. 앞에서 논의했었던 중세 공간이나 중세 공간을 모방한 공간과 비교해 보시면, 공간이 얼마나 길고 좁은지 주목할 필요가 있습니다. 사람들이 볼 수 있는 것은 멀리 있는 성직자와 음악가들뿐입니다. 그리고 서로 볼 수 있는 것은 등뿐입니다. 이것을 예전 운동의 영향을 받은 교회와 비교해 보면, 공간이 건축 자체로 사람들에 대한 새로운 강조를 나타내고 있음을 알 수 있습니다. 예전 운동은 "중세와 같은 공간을 만들지 마십시오. 새로운 공간을 만드세요"라고 말하고 있습니다.

'현대 찬양과 예배'는 어떨까요? 그 모습이 어떻게 보였을까요? 1980년대 초 캘리포니아에 있는 '찬양과 경배' 교회를 살펴보면 음악가들을 위한 작은 연단이 있습니다. 학교 체육관에서의 모임이기 때문에 연단이 작으며, 찬양단의 악기 구성을 보면 당시의 작은 록 밴드의 악기 구성과 같습니다. 대부분의 사람들은 예배에 완전히 몰두해 있으며, 큰 소리로 찬양합니다. 초기 '현대 찬양과 예배'의 모습 일반적인 모습입니다. 또한 '현대 찬양과 예배' 모습은 초기 기술의 모습을 잘 보여 줍니다. 컴퓨터를 이용한 영상 기술이 있기 전에 회중은 '오버헤드 프로젝터(OHP)' 장치를 이용해 찬양 가사를 띄웠습니다. 이 프로젝터는 깨끗한 면에 찬양 가사를 인쇄해 보여 주는 방식이었습니다. 이런 방식이 1990년대 후반 예배에, 전문 영상 컴퓨터 프로그램을 사용하기 전까지 꽤 많이 쓰였습니다. 그리고 회중 가운데 연기 발생 장치와 등 CCTV를 통한 영상 확대 등 기술을 상당히 많이 사용한 감성적인 예배도 있었습니다. 이것이 '현대 찬양과 예배'의 시각적 모습을 중요하게 생각한 예배입니다.

문서들은 어땠을까요? '예전 운동'이 크게 관심을 갖는 부분으로 초기에는 모든 예배자의 전적인 참여에 관심을 나타내는 문서들이 많았습니다. 로마 가톨릭교회의 중요 자료에서 가져온 한 문서는 예배에 참여한 모든 사람이 성경에 입각한 권리로서 예배에 의식적이고 적극적으로 완전히 참여하는 것을 강조합니다. 이 문서에 따르면 하나님의 사람들은 예배의 완전한 참여자로 부름 받았습니다. 예배자의 완전한 참여를 강조하는 것은 교회가 예배를 통해 자기를 실현한다는 개념과 연결됩니다.

미국 워싱턴 주에 있는 오순절교회의 성직자가 쓴 초기 '찬양과 예배 운동'과 관련된 대표적인 글이 있습니다. 그녀는 '찬양'과 '예배'의 차이를 말하고 있습니다. 그녀는 '찬양'을 하나님을 경배하는 성경 말씀에 예배자가 순종하는 것이라고 가르칩니다. 회중이 성경 말씀에 순종해 하나님을 찬양하면 그 찬양으로 인해 하나님이 임재하시기 위한 분위기가 조성됩니다. 그녀에 의하면 '예배'는 하나님의 임재에 반응한 직후의 표현인 것입니다.

'현대 예배 운동'에 해당하는 대표적인 글이 있습니다. '찬양과 예배'와 '현대 예배'는 원래 별개의 운동들인데 1980년대 후반과 1990년대에 결합 되었다는 것을 기억하실 것입니다. 이 인용문은 1971년에 쓰인 것입니다. 인용문의 관점이 얼마나 실제적이고 실용적인지 주목하시기 바랍니다. 저자는 이렇게 쓰고 있습니다. "사회의 분열은 진실되고 관련성 있는 사람, 즉 지금의 우리와 같은 사람들을 위해 모든 사람에게 모든 것이 되어야 한다는 것을 의미합니다."

마지막 말은 사실 고린도전서 9장 22절에서 인용한 것입니다. 앞선 인용문의 저자 베이커(Baker) 목사에게 예배와 관련해 가장 중요하게 생각하는 성경 구절을 물으면, 그녀는 "이스라엘의 찬송 중에 거하시는 하나님"이라는 시편 22편 3절이라고 대답할 것입니다. 그녀의 관점이 초기 '찬양과 예배'의 특징 전체를 말해 줍니다.

이와 대조적으로 '현대 예배 운동'에서 주요 구절은 고린도전서 9장 22절 "내가 여러 사람에게 여러 모습이 된 것은 아무쪼록 몇 사람이라도 구원하고자 함이니"입니다. 이 구절은 제임스 화이트(James F. White, 1932-2004)가 1971년에 언급했습니다. 그가 계속 말합니다.

"과거에 우리는 사업가들이 '생산적 사고방식'이라 부르는 것을 제공했습니다. 상품을 생산하고는 누군가 그것을 구입해주기를 기대했습니다. 이제 우리는 마케팅적 사고방식이 필요합니다 …… 마케팅적 사고방식은 사람들이 원하고 필요로 하는 것을 찾아 그 필요를 충족시키기 위해 분석합니다."

다시 말해 화이트는 회중이 사람들에게 이렇게 말해야 한다고 일찍부터 지적했습니다.
"이것이 예배입니다. 받아들이든 거부하든, 이 예배 방식은 우리가 어떤 상황에서도 계속할 것입니다."
그러면서 화이트는 현대인들에게 다가가기 위해서 회중은 사람들을 가까이에서 살피고 그들과의 사이에 다리를 놓기 위해 예배를 조정해 맞춰야 한다고 주장했습니다. 예배와 사람들 사이에 다리를 놓아 예배가 그들에게 매력과 만족을 주도록 해야 한다고 말입니다.

음악과 설교, 기도에 대해서 간단히 살펴보겠습니다. 앞서 본 두 번의 예배 혁명에 공통되는 사항들을 중심으로 보겠습니다. 공통되지 않는 경우는 말씀드리겠습니다. 앞으로의 내용은 '예전 운동'과 '현대 찬양과 예배 운동' 모두에 공통되는 사항입니다.
음악과 관련해서 두 운동 모두 회중 찬양의 중요성을 강조했습니다. 또한 사람들이 노래를 부르는 것을 강조하고 새로운 형태의 음악을 연구하고자 했습니다. '예전 운동'과 '현대 찬양과 예배 운동' 모두 새로운 찬양 만드는 일을 후원했습니다. 미래의 역사학자들은 20세기 후반과 21세기 초반을 돌아볼 때 예배자와 찬양 인도자들이 이 50, 60년 동안 창작한 찬양 목록에 굉장히 놀랄 것이라고 생각합니다.

설교와 관련해서는 계속해서 설교를 목사의 중요 책임으로서 강조했습니다. 개신교에서 특히 강조했습니다. 로마 가톨릭교회는 설교의 중요성과 설교를 잘하는 것이 성직자의 주요 책임이라는 점을 재발견했습니다. 설교의 실제 방식은 계속 다양하게 변해왔으며, 본문의 폐쇄적인 해석적 설명에서부터 회개를 촉구하는 감정적인 호소, 심지어는 삶을 잘 살고 신실하게 살아가는 방법에 대한 지속적인 관련성을 강조하는 호소까지 다양했습니다. 예를 들면 미국의 어떤 설교자들은 삶의 상황과 관련된 설교를 하기 시작했습니다. 또 다른 변화로, 특히 개신교에서는 연구할 때, 그리고 일부 경우는 실제로 설교할 때 첨단 기술을 사용하기도 했습니다.

설교 중에 신기술을 통합해 사용한 것은 아주 최근에 일어난 획기적인 일이었습니다. 설교 가운데 기술을 도입한 것은 두 건의 예배 혁명에서 폭넓게 일어난 일은 아니었습니다. 이런 기술 도입은 개신교인들 사이에서 이미 확산되었고, '현대 찬양과 예배 운동'에서 좀 더 널리 퍼졌습니다. 그러나 현대 사회와의 관련해서는 거의 모든 사람이 공통적으로 관심을 가졌습니다. 양쪽 운동의 모두가 예배와 설교가 현대인들에게 의미 있기를 바랐습니다.

기도는 어떠했을까요? 기도와 관련해서는 이전과 동일하게 접근했습니다. 어떤 사람은 여전히 기도집을, 또 어떤 사람은 기도하는 방법을 알려 주는 안내서를, 또 다른 사람은 미리 준비 없이 완전히 즉흥적으로 하는 기도에 의지했습니다. 이런 접근법들은 실제로 변하지 않았습니다. 기도를 은근한 권고로 사용하는 것도 여전했습니다. 기도를 통해 사람들에게 말하고자 하는 시도가 현재도 계속되고 있습니다. 새로운 것은 기도문을 회중에게 제시할 때 말이든 노래든 기술을 사용했다는 점입니다. 이처럼 기술 장치를 사용함으로써, 회중은 기도문을 말이든 노래든 앞의 화면으로 볼 수 있게 되었습니다. 화면으로 모두가 볼 수 있도록 공동의 기도문이 제시되었습니다.

이전 장에서 저는 '이 역사적 시기가 오늘날 예배에 어떤 기여를 했을까요?'라는 질문을 했습니다. 현재 이 시기가 미래에 어떤 영향을 미칠지를 생각하는 대신 이 마지막 장에서는 질문을 바꿔 보겠습니다. '과거의 예배가 오늘날 예배 본질에 어떤 영향을 미쳤을까요?' 오늘날의 이 모습에 과거가 어떻게 도움을 주었을까요?

제가 첫 장에서 오늘날 예배를 방식에 따라 두 가지로 나눈다고 했던 것을 기억하실 것입니다. 대부분의 사람들이 예배를 전통적인 방식과 현대적인 방식으로 나눌 것이라고 생각합니다. 제가 각 장의 말미에서 질문을 던지면서 가정했듯이 과거는 이 두 가지 예배 방식 모두에 영향을 미쳤습니다. 사실, 두 가지 방식은 언뜻 보면 매우 달라 보여도 공통점이 많다고 암시했었습니다. 저는 이 장에서 두 예배 방식의 공통된 뿌리와 공통된 본질을 통해 공통점을 강조하고 싶었습니다.

제가 첫 장에서 사용한 은유 또는 비유를 기억해 보시기 바랍니다.

쌍둥이의 비유였습니다. 일란성 쌍둥이처럼 아주 똑같이 생긴 쌍둥이가 있지만 이란성 쌍둥이처럼 처음 봤을 때는 별로 닮아 보이지 않는 쌍둥이도 있습니다. 그러나 유전자 검사를 하고 분석을 해보면 이란성 쌍둥이도 상당히 많은 것을 공유하고 있음을 발견할 것입니다. 둘의 부모가 같기 때문입니다. 이와 마찬가지로 전통적인 예배와 현대적인 예배는, 일란성 쌍둥이처럼 똑같지는 않더라도 이란성 쌍둥이와 비슷하다고 강조했습니다. 언뜻 보기에 둘은 전혀 연관성이 없어 보여도 실제로는 연관성이 있습니다.

그렇다면, 과거의 예배가 오늘날의 모든 예배에 어떻게 기여했을까요? 이 공유된 본질 중 가장 중요한 요소들은 무엇일까요?

첫 번째 기여한 요소는 두 방식의 예배 모두 주일을 중요한 날로 여기는 주 단위의 주기입니다. 주일이 예배드리는 중요한 날이라는 공통된 개념을 갖고 있습니다.

둘째, 예배의 주된 강조 내용으로서 두 방식 모두 하나님이 행하신 일을 기억하면서 하나님이 어떤 분이신지를 기쁘게 나눕니다. 따라서 두 가지 예배 방식의 내용은 하나님이 행하신 일들을 기념하는 경향이 있습니다.

셋째, 두 가지 예배 방식 모두 평신도를 예배에 참여시키기 위해 새로운 방법들을 모색하지만, 평신도와 성직자, 음악가들 각각의 역할들이 있음을 여전히 가정합니다. 제가 앞선 장에서 언급한 퀘이커 교도들의 예배 외에는 어느 예배에서도 모두가 자유롭게 언제든 원할 때 말할 수 있는 예배는 없습니다.

넷째, 두 가지 예배 방식 모두 연 단위 구성을 적어도 예수 그리스도의 탄생과 죽음, 부활에 맞춰서 하는 경향이 있습니다. 이런 연 단위 조직이 양쪽의 예배 방식 모두에서 보입니다. 실제로 4세기에서 비롯된 기본적인 연중 구조 방식을 이어받아 오늘날의 거의 모든 교회들은 12월에 예수님의 탄생을 기념하고, 봄철에(보통 3월 또는 4월) 예수 그리스도의 죽음과 부활을 강조합니다.

다섯째, 두 가지 예배 방식 모두 악기들을 사용합니다. 첫 500년의 기독교 예배를 다루었던 강의를 떠올려 보시기 바랍니다. 예배 때 악기 사용을 좋게 받아들인 것은 나중이었다는 사실을 기억할 필요가 잇습니다. 곧 중세 초기에 와서야 비로소 예배에서 악기를 받아들였으므로 500년 이상을 악기 없이 찬양했습니다. 그러나 중세 초기 이후 현재까지 그리스도인들은 악기 사용을 적절하다고 여깁니다. 그래서 우리는 모든 예배에서 악기를 사용합니다.

여섯째, 중세 초기 이후 그리스도인들은 주일 외에도 때때로 예배를 드렸습니다. 두 가지 경우의 예를 들면, 결혼식과 장례식 때입니다. 오늘날 우리는 성직자가 그 의식들을 행하고, 또한 그 의식들을 예배로서 수행한다고 여깁니다. 이런 가정은 어떤 예배 방식을 취하든 흔히 갖고 있습니다. 이것은 사실 중세로부터 공유된 본질의 일부입니다.

일곱째, 오늘날의 예배는 방식에 상관없이 예수 그리스도의 죽음에 초점을 맞추고 그것을 강조하는 경향이 있습니다. 이런 초점의 결과 예배는 종종 참회하는 분위기가 됩니다. 이런 정서의 예배가 예배 방식에 상관없이 매우 다양한 교회들에 퍼져 있는 것 같습니다.

여덟 번째 기여는 여전히 말씀과 다양한 예배 순서에서 음악을 중요시하게 되었다는 점입니다. 이 두 요소는 20세기에 걸쳐 기독교 예배에서 한 가지 또는 그 이상의 측면에서 계속 중요한 위치를 점했습니다. 오늘날 예배에서 정말로 중요한 위치에 있습니다. 어떤 사람들에게는 말씀과 음악에 덧붙여 성만찬을 받는 빈도도 계속 중요합니다. 그러나 성찬을 강조하는 것은 중세와 종교 개혁을 다루면서 보았듯이 역사적으로 보편적이지는 않습니다. 여러분의 교회가 오늘날 성찬을 매달 또는 세 달에 한 번 또는 1년에 한 번이든, 어떤 주기로 받는다면 그것은 다 중세 후기의 영향을 받은 것입니다.

아홉째, 어떤 방식의 예배든 예배를 하나님께 또는 사람들에게 무언가를 성취하는 도구로 인식하도록 합니다. 일례로 하나님의 사람들이 그분을 찬양하면 하나님이 그 자리에 함께 계신다고 가르치는 접근법을 지지했던 '찬양과 예배 운동'을 생각해보시기 바랍니다. 무언가를 효과적으로 성취한다는 면에서 예배를 도구적으로 보는 개념은 그 신학 체계에서 명백합니다. 예배의 도구적 개념은 지금도 어떤 예배 방식에서든 흔히 퍼져 있는 생각입니다. 유일한 예외는 고대 동방정교회의 전통에 따른 예배뿐입니다.

전통적 예배와 현대적 예배 모두가 공유하고 있는 또 하나의 중요한 본질은 사람들을 예배에 참여시키는 데 필요한 요소로 귀와 눈을 중요하게 본다는 점입니다. 청각과 시각 모두 예배에 사람들을 참여하게 하는 데 있어 강조되고 있습니다.

그리고 두 가지 방식의 예배 모두 글이나 문서에 의존합니다. 어떤 면에서 예배에는 절대적으로 중요한 문서가 있다는 생각을 양쪽 예배 방식 모두 공유합니다. '현대 찬양과 예배'에서 중요한 글이나 가사는 화면에 띄웠습니다. '예전 운동'에서는 중요한 글들을 최근 개정한 예배 자료집에 넣었습니다. 어쨌든 양쪽 모두 문서나 글들을 매우 중요하게 여깁니다.

오늘날에도 타당하고 시의성 있는 문제들을 제기하는 대신 한 가지 질문을 던지며 마무리하고 싶습니다. 이는 또한 제가 대답하기 가장 어려운 질문이라는 것을 인정합니다.

"예배 역사에서 누가 예배를 제대로 이해하고 실천했나요?"

"누가 정확히 예배를 이해했나요?"

저는 예수 그리스도 외에는 그 누구도 예배 역사에서 예배를 완전하게 바로잡지 못했을 것이라고 생각합니다. 그러나 우리가 "예배에서 무엇을 목표로 해야 하는가?"와 관련해 역사가 힌트를 줄 수 있습니다. 따라서 저는 여러분을 위해 고전적 규범들을 제시하고자 합니다.
먼저, 여러분은 예배에서 완전하고 확고하게 하나님께 영광을 돌리는 것을 목표로 하시기 바랍니다. 예배는 하나님을 찬양해야 합니다. 하나님께 영광을 돌리고, 하나님의 위대하심을 인정해야 합니다.

두 번째로 하나님이 하신 일을 기념하며 성경 이야기를 말할 때, 하나님이 예수 그리스도 안에서 성취하신 일의 관점에서 말하기 바랍니다. 다시 말해, 예수 그리스도를, 특히 그분의 죽음과 부활을 강조해야 합니다.

세 번째로 여러분의 공동체 안에서 풍성하게 기도하시기 바랍니다. 시편과 주기도문 안에서 맞는 부분을 찾아 기도하며 예배하시기 바랍니다.

그리고 예수님의 계속되는 기도 사역과 동일한 관심을 갖고 기도해야 합니다. 제가 예배 역사를 살펴보면서 무척 충격을 받은 것 중 하나가 '얼마나 많이 그리고 폭넓게 기도했던가?'입니다.

네 번째로 성령 충만하기를 추구하고 성령 충만함 가운데서 조화롭게 행해야 합니다. 예배는 단지 우리의 한 모습 또는 한 부분에 불과하지 않습니다. 실제로, 우리가 영과 진리 안에서 예배를 드리려면 성령님으로 채워져야 합니다. 그리고 성령 충만함 안에서 행해야 합니다. 단지 예배를 위해 우리가 함께 모였을 때만 드리는 게 아닙니다. 예배는 우리 모두가 한 주 내내 날마다 신실하게 살 마음을 갖게 만드는 삶의 방식입니다.

또한 예배를 전체 교회의 책임이자 특권으로 보아야 합니다. 따라서 우리는 모든 사람을 최대한 참여시키는 것을 목표로 해야 합니다. 최대한 참여한다는 것은 모든 사람이 모든 것을 다 해야 함을 의미하는 것이 아닙니다. 다만 교회 안의 모든 사람이 자신이 할 수 있는 최대한 전적으로 참여해야 함을 의미합니다.

여섯 번째로, 다른 사람들의 행복을 염두에 두어야 합니다. 신약 성경과 역사를 볼 때, 그리스도 안에서 우리 자신보다 다른 사람들을 고려하는 마음이 진실하고 신실한 예배자의 마음 자세였다는 사실에 저는 크게 충격받았습니다. 다른 사람들을 염려하고 그들의 예배를 돕기 위해 관심을 갖는 것이 예배에서 하나님이 받으시는 제사입니다.

마지막으로 예수 그리스도에 대해 말씀드리면서, 다른 사람들에 대한 예수님의 헌신을, 특별히 예수님의 특별한 비전과 연결시키고 싶습니다. 예수님은 하나님 아버지를 말로써 뿐만 아니라 행동으로써, 살고 죽는 방식으로도 영광되게 하셨음을 기억하시기 바랍니다. 우리도 예수님과 같이 예배해야 합니다.